● 六位职业分享者为同学们介绍六种职业类型。同学们根据描述，选择自己喜欢的职业类型进行职业画像以及描述出对该职业最初的理解，最后把画像送至自己认为是该职业的分享者身边。

● 走进环卫工人的歌唱家

● 在"美丽塞罕坝"写生的画家

● 优秀乡村教师,挑起女孩子们
走出大山的希望

● 用生命守护人民平安的交通警察

● 心怀一团火,撒播一路情——川藏线邮政投递员

● 忠诚公正,清廉严明

● 新兴职业——无人机驾驶员

● 新兴职业——电子竞技运营师

● 坚守匠心筑梦, 勇攀技能高峰

● 社区工作者宣传防火安全活动

天津市普通中小学地方课程教材

SHEHUI ZHIYE

社会职业

天津人民出版社 编著

上册

天津出版传媒集团

天津人民出版社

图书在版编目(CIP)数据

社会职业. 上册 / 天津人民出版社编著. -- 2 版
. -- 天津：天津人民出版社，2020.8
ISBN 978-7-201-16351-2

Ⅰ. ①社… Ⅱ. ①天… Ⅲ. ①职业选择–初中–教材
Ⅳ. ①G634.981

中国版本图书馆 CIP 数据核字(2020)第 146364 号

社会职业　上册
SHEHUI ZHIYE SHANGCE

出　　版　天津人民出版社
出 版 人　刘　庆
地　　址　天津市和平区西康路 35 号康岳大厦
邮政编码　300051
邮购电话　(022)23332435
网　　址　http://www.tjrmcbs.com
电子信箱　reader@tjrmcbs.com

责任编辑　张潇文
装帧设计　卢炀炀

印　　刷　天津新华印务有限公司
经　　销　天津市新华书店教材发行中心
开　　本　787 毫米×1092 毫米　1/16
印　　张　5.75
插　　页　2
字　　数　90 千字
版次印次　2020 年 8 月第 2 版　2020 年 8 月第 1 次印刷
定　　价　5.80 元

 # 编写委员会

第一版编写组

主　编：米　靖

编　者：（按姓氏音序排列）

安　蓉　郄海霞　孙　颖

第二版修订编写组

主　编：米　靖

编　者：（按姓氏音序排列）

李　霞　李　毓　杨公安

张翠翠　赵文平

编写说明

　　《社会职业》是根据天津市教育委员会制订的地方课程标准编写修订而成，旨在向九年级同学们介绍社会职业的现状与趋势，提高大家对社会职业的认知水平，树立正确的职业理想，了解社会职业对从业者的要求，形成自我职业生涯规划的意识，了解国家在劳动与就业方面的基本政策，为以后进入社会、选择职业、转变职业以及在职业中实现可持续发展奠定初步的基础。

　　本教材力求反映社会职业的基本内容，指导同学们了解当前社会职业发展变化的趋势与特点，帮助大家树立正确的职业观念。因此，编写委员会多方征求意见，经过充分讨论，确定了在编写结构、叙述方式、版式设计方面力求有所创新的编写原则，以适应大家的学习需求，提高学习兴趣，引导主动思考，使同学们不仅对本教材能够好学乐学，而且学有所得，学有所获。

　　本教材再版修订具有如下几个特点：

　　1. 教材内容充实而新颖。我们根据社会职业的基本特点和发展变化趋势对教材内容进行了全面修订，力求比较全面地将社会职业最新的发展变化介绍给大家，所涉及的内容贴合当下，编排形式活泼多样。

　　2. 兼顾现实与未来需求。我们充分考虑到九年级同学们的年龄特征、心理发展水平和面临的现实情况，将大家的学习内容与未来的职业抉择两方面的问题结合起来，统筹考虑，大幅度修改第一版内容结构，让同学们能够学以致用、知行并进。

　　3. 注重引导同学们形成正确的职业观及职业生涯规划的意识和能力。我们考虑到九年级进行职业生涯规划的必要性，在编写过程中力求引导同学们形成正确的职业观念，充分认识自主职业生涯规划的重要性，使大家形成初步的职业生涯规划意识和能力。

本书第一版和第二版的编写、修订，凝结了诸多专家、学者和编辑出版人员的智慧和心血，在此一并表示衷心感谢。由于编写人员水平有限，恳请广大师生在使用本教材的过程中，提出意见，以便再版时进一步修改和完善。

《社会职业》教材修订编写组

目录

第一课　职业到底有多重要

　　每个人都需要有自己的职业。就像鸟儿飞翔需要翅膀一样，职业就是我们飞翔的翅膀，它是我们每个人实现人生梦想的途径。现代社会飞速发展，职业与我们每个人有着密切的关系，我们需要通过从事某种职业，进行辛勤的劳动，谋求个人的发展，实现自己的人生价值，为社会创造财富。

> 弘扬劳动光荣、技能宝贵、创造伟大的时代风尚。
>
> ——习近平

一、中学生应当充分了解社会职业

　　学习、工作和生活是人生的重要组成部分。同学们离开学校就会走上工作岗位，为实现自己的人生理想而奋斗，为国家和社会的发展贡献自己的聪明才智。因此，就业是同学们人生的必经之路，我们一定要对社会职业有充分的了解与认识，提前为未来的工作做好打算，做一个对未来的职业生涯有准备的人。

　　关于职业，人们常有"三百六十行"之说。可见，社会职业类别众多。那同学们应当从什么时候开始了解社会职业呢？可以非常肯定地说，在学校学习期间就应当关心和了解社会职业，了解自己的个性特征，树立正确和适合的职业理想和职业目标，这样，同学们学习的目标才会更加明确，学习的动力才会更加强劲。

《中华人民共和国职业分类大典》（2015 年版）将我国职业分为 8 个大类、75 个中类、434 个小类、1481 个职业。与 1999 年版相比，维持 8 个大类、增加 9 个中类和 21 个小类，减少 547 个职业。质检行业共 24 个职业列入大典，质检工作重要性进一步凸显。

第一大类名称为"党的机关、国家机关、群众团体和社会组织、企事业单位负责人"，包括 6 个中类、15 个小类、23 个职业。

第二大类名称为"专业技术人员"，包括 11 个中类、120 个小类、451 个职业。

第三大类名称为"办事人员和有关人员"，包括 3 个中类、9 个小类、25 个职业。

第四大类名称为"社会生产服务和生活服务人员"，包括 15 个中类、93 个小类、278 个职业。

第五大类名称为"农、林、牧、渔业生产及辅助人员"，包括 6 个中类、24 个小类、52 个职业。

第六大类名称为"生产制造及有关人员"，包括 32 个中类、171 个小类、650 个职业。

第七大类名称为"军人"，包括 1 个中类、1 个小类、1 个细类。

第八大类名称为"不便分类的其他从业人员"，包括 1 个中类、1 个小类、1 个细类。

上述众多的职业，同学们如果在找工作时才去了解，有些为时过晚。世界上许多国家，从小学阶段就开始进行职业意识的引导，不断培养学生认识职业、选择职业的能力。我国也将培养职业意识和职业规划能力作为中学生素质教育的重要组成部分，目的就是使同学们在学校学习期间就熟悉社会中的各种职业要求，根据自己的兴趣和能力，逐渐选定自己未来的职业发展倾向，并且通过努力学习去实现人生的职业目标。

从童年时代就应当开始了解社会职业

每个人在步入社会后都会面临就业，因此了解社会职业非常重要。我国积极提倡中小学生从小要了解社会职业，接触职业规划。

世界上许多国家都在加强中小学生的职业生涯教育。如美国有《国家职业发展指导方针》，该指导方针规定，职业指导从小学就要开始！美国孩子从 6 岁开始，就要培养职业意识，就要接受职业发展指导，进行与就业有关的 12 种能力、64 项"指标"的训练。初中生则需要接受 12 种能力，65 项"指标"的训练。目的是要让孩子们学会对自己的兴趣、专长、特点、能力等进行"自我认识"；要进行"教育与职业关系的探索"，知道教育与职业的关系，了解职业信息的获得和使用、工作与学习的关系、工作与社会的关系等；还要学会职业决策和进行"职业规划"。

确立职业是我们每个人必经的发展路径的观念后，可能你会进一步产生疑问：通过职业和工作，我们可以实现什么样的目标呢？这就是下面要向大家介绍的内容。

二、职业对每个人的重要意义和价值

（一）职业能够影响我们的生活方式

1. 职业是人们谋生的手段

人生是海，职业是船。离开学校开始工作，同学们就开始驾驶自己人生的船。因此，职业生活是构成人生的重要组成部分，人们通过职业活动即参加社会劳动来换取劳动报酬，为其自身或家庭生活提供生存必需的生活资料，以实现过上幸福生活的目标。

如果同学们对这一点体会不深的话，那就看看我们父母的职业和工作。父母靠辛勤的工作所获得的报酬来养育我们，他们的职业可能是计算机网络技术人员、农业技术人员、地震工程技术人员、轨道车司机、动物检疫检验员和飞机检验工等。我们应该能够体会到，父母通过辛苦和勤劳的工作，不仅实现了个人的理想，也为家庭提供了经济来源；同时，为国家和社会发展做出了贡献。

谋生的需要是我们一切需要的基础

美国著名心理学家马斯洛分析了"人的需要层次"，指出：人有五种需求，呈金字塔形。生理需求包括水、食物、温暖和性。安全需求包括免于生理上的伤害，免于心理上的恐惧与伤害。感情需求包括友谊、被爱和有归属感。尊重需求包括受尊重与被肯定。自我实现需求，是最高的需求层次，指个人有追求成长的需求，将其潜能完全发挥，创造出价值。

所以，通过职业，我们获得必要的生活资料，这是我们每个人实现潜能、为社会做出贡献最根本的基础。

自我实现需求 —— 运用潜能、自我发展与创造价值

尊重需求 —— 受尊重与被肯定

感情需求 —— 友谊、爱情与归属感

安全需求 —— 身体、生命、经济与工作的保障

生理需求 —— 人类的基本需求与生命的维持

2. 职业能够影响和塑造人们的心理和行为方式

在成年人的生活中，工作是人生的重要组成部分，工作的要求、环境以及同行都能塑造和影响一个人的生理和心理，并且会在其行为上体现出某些征兆来。

比如，我们提起一个人，通常会说："他是一位老师"或"他是一位工人"，往往会用一个人的职业角色来描述这个人的总体特征。因此，职业实际是劳动者获得社会角色的途径，比如，银行服务人员、人民警察、消防和应急救援人员、播音员及节目主持人、法官、律师等，都是社会这个整体中的不同角色，承担着相应的工作职责。大家扮演着不同的社会角色，完成好各自的工作任务，使社会如同一部大型机器一样正常运转。

知识贴

职业活动的环境、内容和方式，以及职业内部的相互作用，强烈影响着人们的情趣、爱好以及作风。职业作为一个特定的社会角色，影响着从业者个人兴趣、能力及作风的形成和完善，不同的职业对人们个性的影响各有不同。如教师

这种职业会使人的表达能力、逻辑思维不断完善，销售人员这种职业则可能使人在社交、待人接物方面更加擅长。职业对人们行为风格的影响也很明显：严肃活泼、团结紧张的军旅生活可以使人变得勇敢、机智；体育专业类职业可以使人能够坚韧不拔、顽强拼搏；经济和金融管理职业则能使人对数字敏感和重视投入回报的风格。

职业活动之所以能够促进人的个性发展，是因为职业活动是按照一定的社会规范和内在规律运行的，每种职业都有其独特的技术技能要求，对从业者的生理和心理也有特别的规定。人们通过参加职业活动，逐步形成并不断发展与完善自己的个性，随着从业时间的增加，个人的生理、心理都会受到职业的影响。

 体验和活动

我的家庭职业树

请同学们通过对家庭的了解或访问，在下面的"家庭树"上，写出家庭中亲属们的不同职业，看看你们能够收集到多少种不同的职业。

请同学们思考并总结：

1.家庭成员从事的职业，哪些是你知道并了解的？哪些是陌生的、完全不了解的？

_____

2.家庭成员中从事最多的职业是什么？

_____

3.请你用简短的话语描述一下家庭成员从事的职业内容。

_____

4.你觉得哪位家庭成员的职业给你带来了深刻的影响？为什么？

_____

_____

5.家庭成员的职业中有你想要从事的职业吗？为什么？

_____

6.你在"家庭职业树"的填写过程中，获得了哪些启示？

_____

_____

_____

（二）职业是人们自我实现的途径

　　音乐家必须演奏音乐，画家必须绘画，诗人必须写诗，这样才会使他们感到最大的快乐。什么样的角色从事什么样的事情，我们将这种需求称为"自我实现"。

——马斯洛

今天，同学们心怀梦想，志存高远，正在刻苦学习，积极上进，为实现人生理想和创造人生价值而认真地准备着。

未来总有一天，同学们要步入社会，参加工作，从事某种具体的职业，而这种职业正是实现人生理想的桥梁。

未来的职业活动为同学们的理想插上翅膀，使大家的聪明才智得到充分发挥。通过职业，大家可以获得一定的社会角色，为社会做出贡献；在职业这块土壤上，挥洒汗水，播下智慧的种子，收获成功的果实。在辛勤的工作中，为社会做出更大的贡献。

总之，只有在职业的舞台上，才能使同学们的潜能得到充分的发挥，最大限度地实现自己的人生价值。

> 在选择职业时，我们应该遵循的主要指针是人类的幸福和我们自身的完美。不应认为，这两种利益是敌对的，互相冲突的，一种利益必须消灭另一种的；人类的天性本来就是这样：人们只有为同时代人的完美、为他们的幸福而工作，才能使自己也达到完善。
>
> ——马克思

（三）职业是人们为社会服务和为他人服务的平台

意大利著名画家达·芬奇说："劳动一日，方得一夜安寝；勤劳一生，可得幸福的长眠。"

在我们的社会里，人人都是服务对象，人人又都为他人服务。每个人都是社会的一分子，既享受社会提供的便利和服务；同时，在进入劳动年龄阶段又应当承担一定的社会义务，为社会创造财富，为现代化建设出力，为他人提供服务。

因此，我们需要通过从事某种职业在社会劳动体系中进行具体的劳动创造，为社会服务，为他人服务。

劳动没有高低贵贱之分，任何一份职业都很光荣

2016 年 4 月 26 日，习近平总书记在知识分子、劳动模范、青年代表座谈会上讲话指出，人类是劳动创造的，社会是劳动创造的。劳动没有高低贵贱之分，任何一份职业都很光荣。广大劳动群众要立足本职岗位诚实劳动。无论从事什么劳动，都要干一行、爱一行、钻一行。在工厂车间，就要弘扬"工匠精神"，精心打磨每一个零部件，生产优质的产品。在田间地头，就要精心耕作，努力赢得丰收。在商场店铺，就要笑迎天下客，童叟无欺，提供优质的服务。只要踏实劳动、勤勉劳动，在平凡岗位上也能干出不平凡的业绩。

一个高尚的人需要通过职业为社会做出贡献来证明自身的价值

张黎明，中共党员，国网天津滨海供电公司二级职员、运维检修部配电运检室党支部副书记兼配电抢修班班长。

张黎明，人如其名——始终秉承"人民电业为人民"的宗旨，扎根电力抢修一线 32 年，累计巡查线路 8 万多千米，绘制线路地图 1500 多张，成了同事眼中的"活地图"；他从对抢修工具小改小革到对创新"上瘾"，先后开展技术革新 400 余项，甘当点亮万家的"蓝领工匠"；他带领着滨海黎明共产党员服务队，将"黎明出发、点亮万家"服务百姓的真情送到千家万户，被誉为"坚守初心的光明使者"。

张黎明先后被授予全国优秀共产党员、全国劳动模范、全国五一劳动奖章、全国职工职业道德建设标兵个人、全国岗位学雷锋标兵、时代楷模、改革先锋、全国敬业奉献道德模范、天津市道德模范等多项荣誉，享受国务院政府特殊津贴。

（四）职业是人们推动社会进步的动力

职业的形成是合理的社会分工、充分发挥人们的聪明才智的结果。从国家的角度来看，每一种职业都是社会分工中的一个组成部分，每一种职业都有一定的从业人数。通过分工人们就像一台复杂机器上的一个个零部件，在不同的职业岗位上完成各自的工作职责，确保了社会的正常运转。

职业的发展反映出社会进步的轨迹。人类社会由政治、经济、文化、教育、科学技术等多个方面构成，人类社会的发展也是以上各个领域共同发展的结果，这些领域的发展又与各领域从业者的共同努力工作密不可分。如科学技术工作者推动科技的发展与进步、医务工作者推动医疗事业的发展、教师推动教育事业的进步等等。正是在这些职业岗位上，有着大批不懈努力、创新竞进的从业人员，才使社会不断得以发展和进步。

科技工作者实事求是、善于独立思考、一丝不苟

"水稻杂交之父"、中国工程院院士袁隆平认为"依靠科学技术进步就能养活中国"。事实证明，正是袁隆平勇敢地打破了"自花授粉作物没有杂种优势"的传统观念，不但在国内首开杂交水稻研究的先河，而且开创了一个在世界上具有创新意义的研究领域。因为有了袁隆平这样的科技工作者，我们才能解决包括粮食问题在内的许多科技难题。

医务工作者耐心细致、慈善同情、救人于危难

中国工程院院士钟南山有一个坚持至今的"三个一样"原则："高干平民，有钱无钱，城市农村，一样的热情耐心，一样的无微不至，一样的负责到底。"

正是因为有了钟南山这样的医务工作者，我们的健康和生命才获得更好的保障。

大国工匠，是"中国制造"的中流砥柱

我国的高速动车组之所以能跑出如此之快的速度，其主要原因之一就是中车长客股份公司的转向架技术取得了重大突破。李万君是长客焊接工匠的代表人物。经过反复试验，李万君摸索出了"一套一枪"的焊接技术，他能将600毫米周长的转向架环口一气呵成焊接好，不留任何瑕疵。

正是因为有了李万君这样的技术工作者，我们才能从"制造大国"逐步成为"制造强国"。

 体验和活动

请同学们从我们前面所做的"家庭职业树"中，选择你感兴趣的职业，对从事这项职业的人进行深入的访谈，了解这份职业的从业者们的苦与乐，帮助你更好地做出未来的职业选择。

同学们可以参照下面的表格开展访问并进行记录。

 社会职业

姓名	职业	年龄	从业年限	单位性质	每天的工作内容	面对的工作对象	选择此职业的原因

根据上面的访谈思考，在访谈过后你获得了哪些启示呢？

第二课　了解职业的发展历程和趋势

我们每个人都想找一个有良好发展潜力和发展势头的职业，使自己拥有美好的未来，为社会做出更大的贡献。那么，哪些职业是热门职业？社会职业的发展趋势又是什么？这些问题有时会引起同学们思考和讨论，从而帮助同学们清晰地确定自己人生的职业目标与理想，进行比较合适的人生和职业规划。为此，这节课将给大家展示职业的发展历程，并介绍职业的发展趋势。

一、社会分工推动着职业的发展与变化

知识贴

　　社会分工是指人类从事各种劳动的社会划分及其独立化、专业化，主要体现为国民经济各部门之间的分工，例如，分为工业、农业、商业等；也体现为各部门内部的分工，例如，工业内部分为采矿、冶炼、机器制造、纺织等行业。

　　社会分工是人类文明的标志之一，也是商品经济发展的基础。没有社会分工，就没有交换，市场经济也就无从谈起。社会分工的优势就是让擅长的人做自己擅长的事情，使平均社会劳动时间大大缩短，使生产效率显著提高。能够提供优质高效劳动产品的人才能在市场竞争中获得高利润和高价值。人尽其才、物尽其用最深刻的含义就是由社会分工得出的。

 社会职业

职业作为一种人类社会特有的现象，随着人类社会的变迁也在不断地发展变化之中，这种发展变化与社会经济发展密切相关，尤其与社会分工密切相关。

> 每一种职业都是社会分工的一定部门。
>
> ——马克思

我们都知道，人类社会在发展的进程中出现了社会分工，并且这种分工越来越复杂和精细，这不仅使职业的种类发生着变化，而且也使职业成为社会分工的一种标志。我们可以发现，社会分工越来越细，职业种类也越来越多。

 知识贴

人类历史上的三次社会大分工奠定了以后社会分工的基本格局。

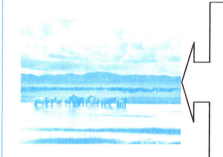

第一次社会大分工：
畜牧业从农业中分离出来

这次分工发生在原始社会后期，指游牧部落从其他部落中分离出来，专门从事畜牧业。畜牧业从农业中分离了出来，畜牧者成为一类职业。

第二次社会大分工：
手工业从农业中分离出来

这次分工发生在原始社会末期。随着生产力的发展，特别是金属工具的使用，当时出现了各种各样的手工业生产，如纺织、榨油、酿酒、金属加工和武器制造等，它们逐渐从农业中分离出来，出现许多手工业职业。

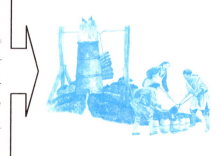

第三次社会大分工：
商人阶级的出现
在原始社会瓦解、奴隶制社会形成时出现了一个不从事生产而专门从事商品交换的商人阶级。商人的出现，缩短了商品买卖的时间，扩大了商品的销路，推动了商品生产和交换的发展。

社会分工的不断变化，使新的职业也随之产生并且蓬勃发展。而有的社会分工则随着社会发展逐渐不复存在，或者被其他的分工所取代，这也促使那些与社会发展不相适应的职业逐渐地消失。职业的这种变化在今天快速发展的社会中尤其明显，一些以前从未出现的职业现在成为非常普遍和社会需求旺盛的职业，而那些我们的长辈特别熟悉和怀念的职业，已经慢慢地消失了，对于今天的我们而言，已经显得非常陌生。

随着社会的发展，新兴职业不断出现

近年来，伴随人工智能、电子竞技等新兴产业的发展，新职业也层出不穷。

人力资源和社会保障部于2019年4月正式发布13个新职业。包括人工智能工程技术人员、物联网工程技术人员、大数据工程技术人员、云计算工程技术人员、数字化管理师、建筑信息模型技术员、电子竞技运营师、电子竞技员、无人机驾驶员、农业经理人、物联网安装调试员、工业机器人系统操作员、工业机器人系统运维员。

2020年3月，我国又正式发布16个新职业。包括智能制造工程技术人员、工业互联网工程技术人员、虚拟现实工程技术人员、连锁经营管理师、供应链管理师、网约配送员、

> 人工智能训练师、电气电子产品环保检测员、全媒体运营师、健康照护师、呼吸治疗师、出生缺陷防控咨询师、康复辅助技术咨询师、无人机装调检修工、铁路综合维修工和装配式建筑施工员。

据统计，中国传统职业已消失三千多个。如铅字排版员、淘粪工、补锅匠、抄写工等职业已经逐步退出了历史舞台。

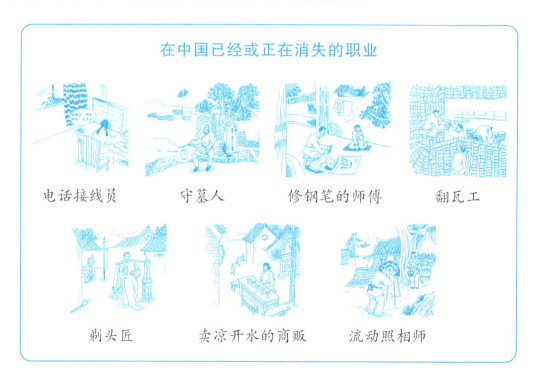

在中国已经或正在消失的职业

电话接线员　　守墓人　　修钢笔的师傅　　翻瓦工

剃头匠　　卖凉开水的商贩　　流动照相师

二、当代社会职业的国家分类标准

由于职业在不断地发展变化之中，各个国家都采取相应的措施对职业进行分类，并且确定每种职业的标准，这有利于国家对职业发展进行指导，也有利于国家引导民众进行有目的地择业。

知识贴

　　职业分类即采用一定的标准和方法，依据一定的分类原则，对从业人员所从事的各种专门化的社会职业进行的全面、系统的划分与归类。《中华人民共和国劳动法》规定：国家确定职业分类，对规定的职业制定职业技能标准，实行职业资格证书制度。

　　职业分类的目的在于将社会上纷繁复杂的职业划分成规范统一、井然有序的体系。它对于人口普查与统计、劳动力需求预测和规划、制订国家职业技能标准、开展职业教育、技能鉴定以及进行职业指导等都具有重要意义和价值。

　　我国从1986年启动职业分类及标准制定的工程，到1999年颁布了《中华人民共和国职业分类大典》，目前最新的版本是2015年7月正式颁布的修订版。《中华人民共和国职业分类大典》按照工作性质同一性的基本原则，对我国社会职业进行了科学划分和归类，比较全面客观地反映了当前我国社会职业结构状况，是我国对职业进行科学分类的权威性文献。

我国职业分类工作的进程

　　★1986年，我国首次颁布了《职业分类与代码》（GB6565-86），并启动了编制国家统一职业分类标准的宏大工程。

　　★1992年，《中华人民共和国工种分类目录》编制完成，这个目录将当时我国近万个工种归并分属为46个大类的4700多个工种，初步建立起行业齐全、层次分明、内容比较完整、结构比较合理的工种分类体系，为进一步做好职业分类工作奠定了坚实基础。

　　★1998年12月，《中华人民共和国职业分类大典》编制完成，并于1999年5月正式颁布。

★2005 年,《中华人民共和国职业分类大典》(2005 增补本) 正式出版发行。

★2015 年 7 月,《中华人民共和国职业分类大典》(2015 年版) 正式颁布。

三、当前社会职业发展的主要趋势

社会职业的发展趋势与社会中的产业变革有密切关系,往往随着产业发展方向的调整与变化,社会职业也会发生一系列的变化。同学们首先要了解一下什么是社会中的产业。

 知识贴

产业是社会分工和生产力不断发展的产物。产业是社会分工的产物,它随着社会分工的产生而产生,并随着社会分工的发展而发展。

在中国,产业的划分是:第一产业为农业,包括农、林、牧、渔各业;第二产业为工业,包括采掘、制造、自来水、电力、蒸汽、热水、煤气和建筑各业;第三产业分流通和服务两部分,共 4 个层次:

①流通部门,包括交通运输、邮电通信、商业、饮食、物资供销和仓储等业。

②为生产和生活服务的部门,包括金融、保险、地质普查、房地产、公用事业、居民服务、旅游、咨询信息服务和各类技术服务等业。

③为提高科学文化水平和居民素质服务的部门,包括教育、文化、广播、电视、科学研究、卫生、体育和社会福利等业。

④为社会公共需要服务的部门,包括国家机关、政党机关、社会团体以及军队和警察等。

（一）我国"制造强国"建设加速，急需高新技术产业领域的职业人才

当前，伴随经济社会飞速发展，我国强调实体经济的基础性作用，全力推进"制造强国"的建设，以实现经济的转型升级。为此，国务院印发了由百余名院士专家着手制定的《中国制造2025》行动纲领，为中国制造业未来十年设计顶层规划和路线图，通过努力实现中国制造向中国创造、中国速度向中国质量、中国产品向中国品牌三大转变，推动中国到2025年迈入制造强国行列。

我国人才分布与需求的矛盾预示今后职业发展的趋势

我国人才在不同产业分布的突出特点是，人才的产业结构分布与国民经济的产业布局分布形成了鲜明的反差。第一产业、第二产业中专业技术人才数量明显偏低，就业人员的学历状况急需改善。第三产业集中了大批人才，而人才对国民经济的贡献率明显低于其他产业，与加强农业基础地位和发展制造业大国的目标不相适应。

针对《中国制造2025》的发布，2017年2月，教育部、人力资源和社会保障部、工业和信息化部联合印发了《制造业人才发展规划指南》，最引人注目的是"制造业十大重点领域人才需求预测"。新一代信息技术产业、高档数控机床和机器人、航空航天装备、海洋工程装备及高技术船舶、先进轨道交通装备、节能与新能源汽车、电力装备、农机装备、新材料、生物医药及高性能医疗器械等十大领域人力需求迫切。

天津产业高质量发展需求催生"海河英才"行动计划

当前，天津正在大力发展新一代人工智能、生物医药、新能源、新材料四个主导产业。在"十四五"（2021—2025年）期间，天津将围绕实现"全国先进制造研发基地""北方国际航运核心区""金融创新运营示范区"和"改革开放先行区"的"一基地三区"定位，推动产业结构调整优化，提高自主创新能力，打造世界一流的智慧港口、绿色港口，推进国际航空物流中心、国家会展中心、"轨道上的京津冀"项目、国家创新平台等标志性项目建设，以更大力度深化改革扩大开放，推动金融服务高端化发展。

为了支撑城市产业高质量发展，天津正在实施"海河英才"行动计划，放宽对学历型人才、资格型人才、技能型人才、创业型人才和急需型人才的落户条件，为城市高质量发展和"五个现代化天津"建设提供有力的人才智力保障。

"海河英才"行动计划对人才的需求覆盖面广泛，分4个大部分75个小类人群，囊括了科技、文学、医学、金融、文艺、教育、影视、体育等社会各行业、各领域的高层次人才。

（二）我国当前各类新兴产业不断兴起，各种新兴职业层出不穷

1.第一、第二产业的一些传统职业以消亡、变动和重组为主。

2.第一、第二产业由于新技术、新成果的不断推广应用，传统行业又提供了新的发展机遇。比如农业，由于新技术的应用，本行业传统观念的更新，新的生产方法和发展思路给农业这一传统产业带来了前所未有的职业选择机会。

3.第三产业正在迅猛发展，包括交通运输业、邮电通信业、商业、服务业、金融保险业、信息咨询业、租赁广告业、卫生、体育、教育培训和文化艺术等。

知识贴

> 随着科技日新月异，新技术、新业态蓬勃发展，高新技术产业成为我国经济新的增长点，人工智能、物联网、大数据和云计算等技术得以广泛运用，一系列新职业从无到有地快速生长，职业的更新换代既彰显了产业的新陈代谢，也与新技术的应用息息相关，显示了我国经济社会发展的巨大活力。

从全世界和我国职业发展的态势来看，社会职业的种类会越来越多，职业已经远远超过"三百六十行"，但在这个过程中，不少职业也在快速地消失或重组，甚至出现许多以前没有的"创意职业"。

2014—2018年全国就业人员产业构成情况

创意产业的发展需求不断推动着创意职业的出现

创意职业是指在创意产业中的各类工作岗位，这类职业需要个人充分发挥其创造力、技能和天分，通过对知识产权的开发以创造潜在财富。通常情况下，创意产业是指包括广告、建筑艺术、艺术和古董市场、手工艺品、时尚设计、电影与录像、交互式互动软件、音乐、表演艺术、出版业、软件及计算机服务、电视和广播等。此外，还包括旅游、博物馆和美术馆、遗产、体育等。

2019年5月6日，"技艺传承·设计之都"文化创意设计作品展在天津举办。全市18所普通高校和高职院校提供参展作品330件，作品类型涵盖视觉传达设计、建筑与环境艺术、产品设计、影视动画等多个范围。展览活动还专门设置了大师邀请展环节，邀请到国内知名数字中国画艺术家张旺、"泥人张"第六代传人张宇等艺术家携作品参展。

体验和活动

欢迎同学们进入主题演讲台，请从下面的两个主题中任选一个，进行3分钟的即兴演讲。

● 题目一：你能说出哪些已经消失的职业？以"消失的职业"为题，聊一聊你如何看待职业、生活和社会的变化。

● 题目二：随着科技的迅速发展，人工智能技术开始越来越广泛地应用，请谈一谈你觉得人工智能会对人们的生活、职业产生什么样的影响？你如何看待？

请同学们认真听讲，并选出你认为讲得最好的同学，说明理由。

第三课　认清现代职业对从业者的要求

　　习近平总书记指出：只有奋斗的人生才称得上是幸福的人生。一个真正成熟的人一定会发现，真正的快乐来自于事业，真正的幸福来自于工作。每个人通过辛勤工作，实现个人价值，并为社会发展、为他人幸福做出贡献。那么，我们不禁要问，现代社会职业究竟对它的从业者提出了什么要求？我们应当在学习中注意培养自己什么样的观念和能力才能真正适应未来的工作？

　　现代社会飞速发展，总是变革与发展同在、挑战与机遇并存，提倡并且要求人和社会的可持续发展。作为现代人，不仅要具备专门的职业知识与技能，成为某一职业领域的专业人才，还必须具备广博和深厚的文化素养、自主学习的习惯和持续发展的能力，而且还要善于同他人合作共处，只有这样，才能适应当代社会的变革，做到与时俱进，与时代共同进步。

一、必须具备专门的职业知识、职业技能、职业能力和职业精神

　　任何一种现存的社会职业都有其不可替代性，它都是这个社会发展所必需的分工的结果。因此，每种职业都要求从业者具备专门的知识、技能、能力，以及这种职业所要求的职业精神。

　　职业知识、技能和能力以及职业精神不仅是我们能够胜任和履行好某种职业的必备条件，而且还是我们发挥自身的潜能、创造职业辉煌、充分发展自我的重要保证。

　　职业知识是指我们对某种职业的认知和了解，我们对自己所从事的

职业了解得越深入，才有可能越清晰地规划自己的职业人生；职业技能是从事某种职业所要具备的技能，必须通过专门的培养与训练才能够掌握；职业能力的高低则体现为在职业知识和职业技术的基础上形成的全面处理工作中所面临的问题的水平。

职业精神也特别重要，它是指为了达到工作卓越，而体现出来的敬业、乐业的态度，并且为了自己所选择的事业，宁愿冒一切风险，甘之如饴，视死如归，不惧千辛万苦、千难万险。这是我们实现职业成功的重要保证。当前，全社会所推崇的"工匠精神"就是时代呼唤的职业精神。

职业不分贵贱，职衔不论高低
"专业"能赢得掌声，"态度"则决定别人对你的敬意

电影《邹碧华》是以上海市高级人民法院副院长邹碧华的事迹为蓝本演绎的。邹碧华从北京大学法律系毕业后，成为国家司法领域中的一员，之后又取得了硕士和博士学位，并一直坚持为国家司法事业服务。

在这部电影中，有一些场景让人印象深刻。邹碧华的书房总是堆满了书，他不断钻研，总结好的工作经验和方法，完成了《要件审判九步法》，完成后的那份喜悦和满足让我们感受到了在职业中不断探求新知的成就感；当遇到司法改革的困难时，他也从未放弃，而是不断迎难而上，不断探索，敢于创新，在法官员额制改革中引入新的评定指标，来帮助更加客观准确地衡量法官的工作量，使司法改革向前迈进了一大步。

我们可以感受到邹碧华的崇高追求，这种追求体现在为上访的群众积极地解决问题中，体现在帮助年轻的法官解决工作理想和现实的矛盾中，体现在为了推进司法改革的攻坚

克难中。从邹碧华的职业生涯中，我们深深感受到了他对司法事业的由衷热爱，对"司法为民"的执着坚守，对改革创新的勇敢探索，他在自己的职业岗位上绽放出了耀眼夺目、无法忘怀的光彩。

二、拥有与他人合作的心态，具备与他人合作的能力

合作，对处于今天这个时代中的我们来说，是非常重要的。这个时代迫切要求我们每个人都应具有合作能力。

今天的时代是社会主义市场经济时代，市场经济是广泛的交往经济，离不开与各种类型的人合作；今天的时代虽然是竞争的时代，但只有选择合作，才能成为最具竞争力的一族；今天的时代是全球一体化的时代，要成为国际化人才，更需要高超的合作能力。因此，没有合作能力，就不可能适应我们这个时代。

今天的时代要求我们广泛合作，我们必须适应时代的要求，没有人能够独自成功；唱独角戏、当独行侠很难在这个时代成就大事。俗话说得好："双拳难敌四手""三个臭皮匠，顶个诸葛亮"。只有形成合力、善于合作，才有强大的力量，才能把蛋糕做大、把事业做强。

"海豚的故事"带给我们启迪

茫茫大海里，几只零星的海豚在觅食，忽然它们欣喜若狂地看到海洋深处游动着一个很大的鱼群。这时，它们并没有因为饥饿冲向鱼群，急于求成。因为那样，鱼群就会被冲散，它们游动着，尾随在鱼群后面，用特有的声音"吱吱……"向远方召唤。

一只、两只、三只……越来越多的伙伴游了过来，不断加入到队伍中一起高声呼唤着！

哇！已经有五十多只了，它们并没有停止！当海豚的数量汇聚到一百多只的时候，奇迹发生了！所有的海豚围着鱼群环绕，形成一个球状，把鱼群全部围拢在中心。

它们分成小组，有秩序地冲进球形中央，慌乱的鱼群无路可走，变成这些海豚的腹中佳肴。当中间的海豚吃饱后，它们就会游出来，替换在外面的伙伴，让它们进去美餐。就这样不断地循环往复，直到最后，每一只海豚都饱餐了一顿。

从这个故事我们可以发现：①没有完美的个人，只有完美的团队！②团队的力量，无坚不摧！③没有规矩，不成方圆！④一个成功的团队造就无数个成功的个人！

合作成功的事例举不胜举。大到国家、地区间的合作，小到企业、个人间的合作，无不验证着"合作共赢"哲理的正确。

知识贴

合作能力，指在工作、事业中所需要的协调、协作能力。其突出的特点是指向工作和事业，这正是许多企业、组织极端重视员工合作能力的原因所在。

与人很好地相处、合作，任何时候都是一种美德，都是社会所需要的。与人很好地相处、合作，可使自己的人格变得高尚，用一种豁达的心态去分享别人的成功，用一种欣赏的眼光去肯定别人，人生境界会因此得以提升；与人很好地相处、合作，可以建立一种健康和谐的人际关系，在一个节奏飞快的现代社会，在一个无暇沟通的生活环境中学会适应和理解，人与人之间定会多一份融洽，少一点隔阂；与人很好地相处、合作，必须克服那种狭隘的心态，一个始终想着自己得失的人，一个总是对别人心存戒备的人，一个狂妄自大的人，是永远不会体验到相处与合作的愉快的。

事实证明，相互合作不是一件容易的事情。通过设计可以使装配流水线上的机器人相互配合得天衣无缝。但对于人来说却不行，因为每个人都有自己的想法，况且人不是机器，人都有情感——高兴或愤怒、自信或自卑、友好或妒忌。对任何事情我们都有自己的判断标准，是公平还是偏颇，是对还是错。因此，我们必须学会合作。

如何才能学会合作呢？首先，要具备尊重他人、宽容待人的精神；其次，要具有集体意识，能够以大局为重、以集体为荣。

《论语》中记载了一段流传至今的师生对话。子贡问曰："有一言而可以终身行之者乎？"子曰："其恕乎！己所不欲，勿施于人。"

孔子的学生子贡问："有一个可以终身奉行的字吗？"孔子说："大概是'恕'吧！自己不想要的，不要施加给别人。"

"恕"，用今天的话来讲，就是宽容。有这样一句名言："宽容是在荆棘丛中长出来的谷粒。"能退一步，天地自然宽。

名人论宽容

世界上最宽阔的是海洋，比海洋更宽阔的是天空，比天空更宽阔的是人的胸怀。

——雨果

海纳百川，有容乃大。

——林则徐

生活过，而不会宽容别人的人，是不配受到别人的宽容的。但是谁能说是不需要宽容的呢？

——屠格涅夫

爱人者，人恒爱之；敬人者，人恒敬之。

——《孟子·离娄下》

 体验和活动

了解彼此 学会沟通

活动目的：使同学之间进一步了解彼此、学会沟通

活动时间：45分钟

准备材料：卡片、笔

活动程序：

1. 填写自己的兴趣爱好和职业理想

每位同学把自己的姓名、主要的兴趣爱好和职业理想填写在各自的卡片上。

2. 记住同学的兴趣爱好和职业理想

（1）全体同学围坐成圈，每位同学拿着写好自己姓名、兴趣爱好和职业理想的卡片。

（2）每位同学把自己手中的卡片按照顺时针方向依次传递下去，直至自己的卡片传回自己手中，要记住每一张到手卡片上的兴趣爱好和职业理想，并与上面的名字对号入座。

3. 选择最了解自己的他（她）进行沟通交流

（1）将所有同学分成两组，围成两个同心圆圈。

（2）往相反方向转动两个圈，当主持人喊"停"时，同学停止转动，此时每个外圈同学都与一个内圈同学一一对应。

（3）相对应的两个人分别说出对方的兴趣爱好、职业理想，若都说对了，则两个人出圈到旁边进行深层次交流；若说错了，则进行下一轮的搭配。

（4）继续进行下一轮搭配，步骤同上述步骤（2）和（3）。直到所有的成员都有搭档则停止游戏。

（5）交流一段时间后，每人进行一下简单的总结，并给自己的搭档提一些好的建议。

分享：在此过程中，你如何使自己更好地与他人进行沟通交流？如何与他人交往？自己与他人沟通过程中的优势与不足分别是什么？活动结束时自己的感受如何？

4.合唱《相亲相爱一家人》

所有同学围成一个圈，胳膊挽在一起，齐声合唱《相亲相爱一家人》。

三、善于与他人进行交流

人与人之间，只有经过交往、交流、交谈才能互相沟通思想，交流信息，掌握知识。如果一个人把自己封闭起来，孤孤单单，不接触或很少接触社会，也不与人交流，成天闭门造车。那么，他得到的思想、知识和信息量就非常少，知识浅陋，见闻不广。所以，人要学习好，必须广泛接触社会，广泛地与人交往、交流、交谈。

交流即是将自己的想法、意见传达给别人，并让别人充分理解自己的想法与意见。交流能力弱的人就像遭遇海难的幸存者，在风雨飘摇中盼望前方能驶来一艘救命船；而交流能力强的人则如救命船的船长，明确知道自己将驶向何方与如何到达。人们常说"沟通无极限"，可见，交流的作用是何等巨大。

沟通交流能力无论在生活中还是工作中都十分重要。在生活中，它能帮助我们与他人交流信息，建立友谊，促进合作；在工作中，它能保障各项工作的顺利执行。如果事先沟通充分，工作中的大部分问题都可以避免。

沟通与交流使人更加容易获得成功

王芳是个独生女，从小在玩具堆里长大，养成了一个人自娱自乐、自作主张的习惯，不太善于与人沟通。在校时学习好，人也活泼，还显不出什么。工作之后她就明显地不适应，常常出现人际关系危机。工作干了很多，没有及时汇报，与部门之间相互沟通也极少，只管自己干自己的，结果，工作没少干，与岗位的要求却不相符，业绩也显现不出来。王芳很是烦恼，找到咨询公司，请职业顾问为她补上这一课。首先，顾问为她作了沟通方面的常识讲座，让其端正心态，懂得职场上沟通的作用，然后，又对她进行工作方面的沟通训练及场景练习，并跟踪问效两月之久。现在，王芳在工作中已善于与人沟通，问题处理得当，工作也得心应手，人也变得开朗很多。

因此，我们从学习阶段开始，就应该善于交朋友，并且乐于帮助他人，用自己的真诚、友善和热心与他人进行沟通与交流，建立密切的合作关系。

同学们，让我们的沟通从心开始，去做个最受欢迎的交流者吧。

四、进行自主学习以适应职业要求的变化

知识贴

　　自主学习一般是指由学习者自己确定学习目标、选择学习方法、监控学习过程、评价学习结果。它要求学习者形成良好的自主学习习惯和能力。这是当代职业发展对从业者提出的重要要求。

社会飞速发展，我们的知识会迅速落伍。我们只有掌握很好的学习能力，学会管理知识技能，才会在提高学习效率的同时，充分地利用知识，将知识转化为生产力，提高我们的工作能力。

呼唤自主学习：刚参加工作的年轻人的共同感想

　　经过 10 多年的学习，终于毕业找到工作了，以为不用再学习了，这是许多刚刚迈入职场的"新手"的共同想法。等过了一年半载，肯定都陆陆续续体会到，其实工作后更需要学习，而且学习难度更大——工作繁忙了，学习的时间少了；生活负担重了，学习的积极性小了；操心的事情多了，学习的时间不完整了。但是有一点是肯定的：不学习不行。正所谓：学习苦，不学习会更苦；学习累，不学习会更累。

自主学习者的三个特征

自发的学习：自主学习者对于学习的选择是出于自身的需要，因此自主学习呈现出主动介入的特性，可以排除周围人群和环境的某些不利影响。

自由的学习：自主学习者对所学的专业、所采取的学习方法以及所利用的资源、时间、地点和节奏等有充分的选择空间，整个学习过程完全根据学习者的需要自行安排，实行自主控制。

自律的学习：自主学习者在学习中既是学习目标的确立者、学习计划的制订者，又是学习过程的管理者，在学习过程中容易约束和调整自己的学习行为，实现学习的目标。

"蓝领专家"孔祥瑞：自学攻克技术难关

1972 年，孔祥瑞初中毕业后到天津港码头当了工人。他把全部精力倾注在港口建设发展上，放弃了多次学习深造的机会，始终坚持在实践中学习，把工作岗位当课堂，把生产实践作为教材，把设备故障作为课题，把身边怀有一技之长的工友作为老师，努力攻克了一个又一个技术难关。

2001 年，他主持创新"门机主令器星形操作法"，使门机每一次作业可节省时间 15.8 秒，当年创效 1600 万元；2003 年，他主持的"门座式起重机中心集电器"技改项目，被授予国家级实用型发明专利。

……

一名仅有初中学历的普通工人，34 年创造了 150 多项科技成果，为企业创造效益数千万元。孔祥瑞在为企业创出经济效益的同时，也使他所在部门的机械设备使用管理跨入同行业全国领先、世界一流的水平。

为了能够适应未来职业对自主学习的要求，同学们在学校期间就应当有意识地培养自己自主学习的习惯和能力，找到适合于自己的一套良好的学习方法，使自己受益终生。

 思考与探究

我为成为明日合格的从业者做好准备了吗

国际 21 世纪教育委员会于 1996 年向联合国教科文组织提交了一份报告——《教育:财富蕴藏其中》。该报告是国际 21 世纪教育委员会根据现代社会面对的矛盾和未来教育面临的挑战，经过 15 名来自不同国家的权威专家 3 年多的研究而提出的。书中指出要适应未来社会的发展，教育必须教会学生四种基本能力:

(1) 学会学习

(2) 学会生存

(3) 学会做事

(4) 学会与人相处

这"四会"被称为未来教育的"四大支柱"，也是学习者能够在社会上发展的"四大支柱"。

请你认真思考一下这四种基本能力，你掌握了吗?

第四课　不同的人适合不同的职业

人有不同的个性和智能类型。当人从事的职业与其个性和智能类型相吻合时，就能更加充分地发挥能力，也更容易做出成就。个性、智能类型与职业需要之间的恰当匹配能够保证个人获得较高的职业满意度，促进职业的稳定性，也是个人在工作中获得职业成就的基础。

一、个性对人的职业选择产生重要影响

个性是指人在活动中经常表现出来的、比较稳定的、带有一定倾向性的个体心理特征的总和。简单地说，个性就是一个人的整体心理面貌。个性包括人的品格的各个方面，比如，智力、气质和性格等等。因此，不同的人有不同的个性。

知识贴

人的个性有四个特点：

1. 个性是人身体和心理各种倾向和特点的统一，它影响和制约着人的行为；

2. 个性不是固定不变的，在人的一生中，个性的某些方面是不断变化和发展的；

3. 个性不单纯是具体的某种行为和一时的身心倾向，而是制约着人的各种活动倾向性的动力系统,表现在人的各种活动中；

4. 个性结构中的各种成分或要素,因人、时间、地点、环境的不同而互相排列组合,结果就产生了在个性特征上千差万别的人和一个人在不同的时间、地点、环境中的个性特征的复杂变化。

个性对于每个人的人生和职业生涯都有非常重要的影响，凡是能够取得令人瞩目的成就的人，都有着极其鲜明的个性特征。人的个性并不是一成不变的，通过接受教育、自主学习、环境磨砺等因素都可以有意识地不断使人的个性有所变化。

为了这块金牌奋斗一生

一颗地雷，让他痛失左腿。一场比赛，让他勇夺金牌。从肢体残疾的少年英雄，到两破世界纪录的奥运冠军，他创造了常人难以想象的人生奇迹。

孙长亭自幼酷爱足球，17岁时，南京部队在天津征招体育兵，他认为当兵更有英雄用武之地，于是报名参军了。1984年，孙长亭参加了老山前线的对越自卫反击战。在一次战役中，他被地雷炸断了左腿。年轻的孙长亭伤愈后，带着战斗英雄的勋章从云南回到天津，成为全国人民心目中的英雄人物，然而，身体的残疾却是要强的孙长亭无法面对的现实。

1986年，孙长亭不顾亲友的反对，毅然辞去了福利院的正式工作，来到南开体院，投入到常人难以承受的艰苦训练中。他在大家的质疑声中，参加残疾人奥运会，打响他人生的第二场战斗。

1992年巴塞罗那残奥会上，孙长亭两破世界纪录，勇夺奥运金牌，再一次成为备受瞩目的英雄人物。多年奋斗，多少嘲讽，就在孙长亭戴上奖牌的一瞬间得到了诠释，而这巨大的心理落差，却让他一度失去了平衡。取得骄人成绩之后的张狂和迷失是孙长亭作为一个常人的反应，而理智的他迅速调整自己的心态，让自己回归到正常的轨迹。

1991年，孙长亭成立了长亭假肢公司，这家公司是他打

响人生的第三场战斗。自从决定做企业，孙长亭在近八年的时间办了三家分公司，在国内外同行业也小有名气，而这条道路有多少艰辛和苦难，也只有他自己知道。

孙长亭说来找他的人都是不幸的人，所以他不想把企业做大做强，他只想做久做精。他说他最希望的是给那些不幸的人安装上一副自信和灵活的假肢，他要为了这块金牌奋斗一生。

2011年，孙长亭通过自己的不懈努力荣获了"十一五"期间天津市最具影响力劳动模范称号。

通过对各种职业岗位上做出成绩的人的个性进行分析，我们可以发现，无论哪种工作、哪种岗位，即使再平凡的工作，只要能够把它做到极致和完善那就是不平凡的。

各行各业都需要工匠精神

工匠精神是一种严谨认真、精益求精、追求完美、勇于创新的精神。

中央电视台近年来有一个影响广泛的年度节目《大国工匠》，讲述了多个工匠所缔造的制造神话。每位入选的工匠，在日常工作细节中都体现出精益求精的精神。他们的个性也非常鲜明，共同之处是都具有专注和坚守职业技能完美和极致的特点，能够数十年如一日地追求着职业技能的极致化，缔造了一个又一个"中国制造"的神话。

他们在平凡的岗位上做出了不平凡的骄人业绩，靠的就是执着、爱岗敬业和精益求精的精神。

不同的人适合不同的职业，所以在了解人的个性的基础上，根据人的职业兴趣和能力倾向来选择职业和接受职业培训就显得非常重要。但人的个性并不能直接决定他的职业成就。一个人即使是在自己适合的职业中，也必须通过努力才能够获得成功。反之，当我们发现个性与职业的匹配度不高时，也可以通过个人努力来加以弥补，创造职业成功。

二、人的智能的多元化特点与职业成就

智能是一个人在解决遇到的难题或创造有效产品或作品时需要的能力。心理学家通过研究发现，人的智能具有多元化的特点。

多元智能理论对世界各国教育产生深远影响

享誉全球的美国著名心理学家霍华德·加德纳提出"多元智能理论"。他指出，人类的智能是多元化的而非单一的，人有很广泛的能力。每个正常人都具有八种智能，分别是言语—语言智能、逻辑—数理智能、视觉—空间智能、身体—动觉智能、音乐—节奏智能、交往—交流智能、自知—自省智能、自然观察智能。

对每个人来说，多元智能的表现存在强弱程度的不同，有些人的某些智能很强，某些智能则较弱，而有些人则在智能的总体方面比较均衡，没有表现出突出的智能类型。

1. 言语—语言智能

言语—语言智能是指能够有效地运用口头语言或文字表达自己的思想，并且能够准确理解他人的语言的智能。具有高水平言语—语言智能的人能够灵活掌握语音、语义和语法，具备高超的言语思维、用言语表达和欣赏语言深层内涵的能力，并能把这些能力结合在一起运用自如。他们适合的职业

是：国家机关和党群组织负责人、播音员及节目主持人、律师、演说家、编辑、文艺创作与编导人员、记者、教学人员等。比如，我国著名的翻译家傅雷。

2. 逻辑—数理智能

逻辑—数理智能是指高效地计算、测量、推理、归纳、分类，并进行复杂数学运算的能力。这项智能包括对逻辑关系、逻辑功能、理论陈述及其他相关的抽象概念的敏感性。他们适合的职业是：科学研究人员、会计人员、经济与金融专业人员、工程技术人员、计算机软件技术研发人员等。比如，伟大的数学家陈省身。

3. 视觉—空间智能

视觉—空间智能是指准确感知视觉空间中的一切事物，并且能把所感觉到的形象以图画的形式表现出来的能力。这项智能包括对色彩、线条、形状、形式、空间关系很敏感的特点。他们适合的职业是：室内装饰设计人员、建筑工程技术人员、摄影师、画家、飞行驾驶员等。比如，著名的建筑大师贝聿铭。

4. 身体—动觉智能

身体—动觉智能是指善于运用整个身体来表达思想和情感、灵巧地运用双手制作或操作物体的能力。这项智能包括特殊的身体技巧，如平衡、协调、敏捷、力量、弹性和速度以及由触觉所引起的能力。他们适合的职业是：体育专业人员、舞蹈演员、外科医师、金属制品制造人员等。比如，我国著名体操世界冠军李小鹏。

5. 音乐—节奏智能

音乐—节奏智能是指人能够敏锐地感知音调、旋律、节奏、音色等能力。这项智能对节奏、音调、旋律或音色的敏感性强，与生俱来就拥有音乐的天赋，具有较高的表演、创作及思考音乐的能力。他们适合的职业是：歌唱演员、作曲家、音乐指挥等。比如，伟大的作曲家贝多芬。

6. 交往—交流智能

交往—交流智能是指能很好地理解别人和与人交往的能力。具有高水平人际智能的人能够准确地察觉他人的情绪、情感，体会他人的感觉感受，善于辨别不同人际关系的暗示并能够对这些暗示做出适当反应。他们适合的职业是：政治家、国家机关负责人、领导者、心理咨询师、公关人员、保险推销员等。比如，我国古代政治家诸葛亮。

7. 自知—自省智能

自知—自省智能是指自我认识和善于自知、了解自己的心理活动并据此做出适当行为的能力。这项智能能够帮助人认识自己的长处和短处，意识到自己的内在爱好、情绪、意向、脾气和自尊，具有高水平自我认知智能的人往往喜欢独立思考。他们适合的职业是：哲学研究人员、思想家、心理学家等。比如，著名精神分析心理学家弗洛伊德。

8. 自然—观察智能

自然观察智能是指善于观察自然界中的各种事物，对物体进行辨别和分类的能力。这项智能水平较高的人往往有强烈的好奇心、求知欲和敏锐的观察能力，能了解事物之间的细微差别。他们适合的职业是：天文学研究人员、生物科学研究人员、考古工作者等。比如，我国著名地质学家李四光。

言语—语言智能
方向：律师、演说家、作家等

口头交流、书面表达等语言运用的能力。该智能强的人，喜欢阅读、讨论及写作，对语文、历史等课程感兴趣

逻辑—数理智能
方向：会计、程序员、科学家等

利用对比、因果等逻辑关系运算推理的能力。该智能强的人，喜欢提问求答寻找事物规律，对数理课程感兴趣

自然—观察智能
方向：生物学家、社会学家等

识别自然、社会事物特征并加以分类利用的能力。该智能强的人，能观察到自然界植物、动物等的变化差异

音乐—节奏智能
方向：作曲家、歌手、调琴师等

感受、辨别、改变和表达音乐节奏音调等的能力。该智能强的人，唱歌好，一首新歌听几次就能唱出来

交往—交流智能
方向：政治家、公关、企业家等

交往中觉察他人情感意图等做出适宜反应的能力。该智能强的人，善于察言观色，喜欢篮球、桥牌等团体活动

视觉—空间智能
方向：设计师、建筑师、画家等

感知物体空间，运用线条色彩等表现出来的能力。该智能强的人，色彩感觉敏锐，喜欢涂鸦、拼图、走迷宫等

自知—自省智能
方向：哲学家、心理学家等

洞察反省自身情绪、欲望、个性、意志等的能力。该智能强的人，有自知之明，能坚持写日记，喜欢独处

身体—动觉智能
方向：演员、舞蹈家、运动员等

运用双手或身体运动改造事物、表达想法的能力。该智能强的人，喜欢编织雕刻等手工或体育娱乐活动

八大智能

言语—语言智能
逻辑—数理智能
音乐—节奏智能
视觉—空间智能
身体—动觉智能
自识—自省智能
交往—交流智能
自然—观察智能

人的多元智能说明人与人之间的差别，是智能类型、智能强项是什么的差别。每个人的智能强项各不相同，在选择和从事某种职业时应该尽可能地"扬长避短"，发挥自己的"强项"。应当充分挖掘自己智能的潜力，在工作中找到努力的方向，体验到职业活动给人带来的成功和幸福。

人人都有优势智能，每个人的身上都蕴藏着独特的智能，所以每个人对未来职业所进行的设想和规划也应该有所不同。了解自我、挖掘自己潜在的能力，就可以做出最适合自己兴趣、个性与智能类型的职业生涯规划。

了解你的"超"能力——多元智能测评

　　评分标准：5分，非常符合；4分，比较符合；3分，一般符合；2分，比较不符合；1分，非常不符合。

一、言语—语言智能测试

测试项目	分值				
	5分	4分	3分	2分	1分
喜欢阅读各种读物					
能做好笔记，认为笔记能帮助记忆和理解					
经常通过信件或电子邮件的形式与朋友保持亲密的联系					
能简单清楚地向别人解释自己的想法					
喜欢玩字谜游戏或其他文字游戏					
喜欢外语					
喜欢参加辩论和公众演说活动					
写作能力强，能坚持写日记，并喜欢记录自己的所感所想					
能记住别人的姓名、事情发生的地点、日期或其他的小事					
喜欢打油诗、押韵诗，喜欢说双关语等					
喜欢通过谈话或写作与人交流					
喜欢开玩笑和讲故事					
能正确地拼写，词汇量很大					
喜欢模仿他人的声音、语言、阅读及写作					
能仔细倾听别人，并能理解、概括、分析、记住别人所说的内容					
得分：					

 社会职业

二、逻辑—数理智能测试

测试项目	分值				
	5分	4分	3分	2分	1分
喜欢把东西整理得井井有条					
做事喜欢循序渐进					
能轻易地把问题解决好					
心算的速度很快					
能利用计算机的电子数据表或数据库工作					
喜欢上数学课					
喜欢玩数学游戏，如计算机数学游戏					
喜欢玩象棋、跳棋或其他带策略性的游戏					
喜欢做逻辑性的谜语或需要经过推理的难题					
喜欢将事物归类或分层次					
喜欢运用多种思维技巧解决问题					
能利用抽象的、概念的层次来思考问题					
喜欢探究信息的模式，对信息进行分类，并喜欢发掘信息之间的联系					
能收集、处理、分析、解释和预测数据					
总喜欢问有关工作原理的问题，总想明白问题间的因果关系					
得分：					

三、视觉—空间智能测试

测试项目	分值				
	5分	4分	3分	2分	1分
能想出各种主意					
喜欢经常重新布置一下房间，并视为一种乐趣					
喜欢利用各种媒体或工具来制作艺术品					
能利用脑力图回忆事情					
在头脑中能将事物形象化					
喜欢图表形式解释说明问题而不是文字形式					
喜欢看电影、电视、图片以及其他视觉表现形式					
喜欢玩迷宫、拼图和魔方					
在头脑中能巧妙地形成三维图，喜欢看地图和设计图					
经常在纸上或计算机上涂涂画画或制作草图					
喜欢用图像和图片来思考问题					
喜欢制图、绘画、雕刻或从事其他的艺术活动					
在思考概念与解释性的问题时，喜欢用清晰明了的视觉图像来解决					
能精确地画出人物画或静物画					
在接受新事物时，喜欢做白日梦					
得分：					

四、身体—动觉智能测试

测试项目	分值				
	5分	4分	3分	2分	1分
不喜欢静静地坐很长时间					
喜欢户外活动和户外体育锻炼					
认为健康的体魄对健康的心灵来说显得很重要					
认为通过舞蹈表达感情是一种很美的方式					
喜欢利用各种工具来工作					
喜欢在做中学					
喜欢模仿别人的动作					
喜欢拆东西，然后又把东西拼起来					
喜欢接触/保存各种东西，又会把它们移来移去					
喜欢步行、跑步、跳跃、走动、摔跤					
喜欢做些手工活，如缝补、修理、制作东西					
在表达自己的想法时喜欢做手势					
在思考问题或工作时喜欢做些不同的身体运动					
喜欢通过运动来表达自己的情感，如跳舞					
通过移动、触摸和表演学习信息，学习效果最佳					
得分：					

五、音乐—节奏智能测试

测试项目	分值				
	5分	4分	3分	2分	1分
很容易熟悉音乐模式					
很重视噪声与声音问题					
喜欢玩乐器					
对诗的节奏很感兴趣					
记东西时喜欢把它写成有韵律的诗					
喜欢很多种音乐					
认为音乐剧比戏剧表演更有趣					
很容易记住歌曲的歌词					
能够区别不同的声音/音调					
能轻易地记住音乐的旋律					
对周围环境的声音比较敏感，如雨声、交通声					
做事喜欢有节奏					
喜欢识谱					
音乐或一个音符奏错了，都能感觉得出					
喜欢唱歌，经常小声哼唱或打打拍子，并喜欢保持节奏					
得分：					

六、交往—交流智能测试

测试项目	分值				
	5分	4分	3分	2分	1分
用与他人合作的方法进行学习，效果最好					
与他人交流得越多，感觉越好					
认为学习群体对自己很有价值					
喜欢去聊天室					
觉得电视与广播里的谈话节目很有意思					
是一个喜欢与人合作的人，不喜欢单独工作，不愿独处					
很关注社会问题和社会原因					
有领导的才能					
是朋友遇到困难时的忠实听众					
善于与他人交流思想					
喜欢参加各种俱乐部、协会及其他组织团体					
喜欢教别人					
有许多好朋友和知心朋友					
善于理解他人的观点					
很善于交流、组织管理，能巧妙地处理好人际关系					
得分：					

七、自知—自省智能测试

测试项目	分值				
	5分	4分	3分	2分	1分
独立工作和团体工作一样有效率					
在同意做某事前，知道我为什么要做这件事					
一旦认定要做某事，就会百分之百投入					
有毅力，希望不断地改正错误					
知道如何设定目标，并努力达成这些目标					
能轻松自在独处，又能与同伴愉快共处，几乎不会有无聊或情绪低落的时候					
被认为是"言出必行"的人					
能够坚持自己的看法，不管别人怎么想					
不断地从成功和失败的事件上得到经验和教训					
不太关心时尚、流行的东西或个人穿着					
诚实且预先知道自己的感受					
有很强的自我意识，明白自己的优点和缺点					
有很强的独立能力，有坚强的意志和自我引导能力					
喜欢单独从事自己的业余爱好、兴趣或工作					
有充分的自信					
得分：					

八、自然—观察智能测试

测试项目	分值				
	5分	4分	3分	2分	1分
喜欢根据事物的共同特征将事物分类					
很重视生态问题					
喜欢徒步旅行与实地考察					
喜欢在花园里学习					
认为保护我们的国家公园很重要					
喜欢动物					
在家里有一个自己的垃圾回收系统					
喜欢学习生物学、植物学和动物学					
很多时间在室外					
喜欢探索人类和自然的环境					
对某一事物的变化和演变感兴趣					
喜欢自己在家里种些植物或饲养些动物					
喜欢探索动植物的生命周期及人类产品的制造					
喜欢用显微镜、望远镜、做观察笔记和电脑研究生物的组织和系统					
喜欢按自己感兴趣的方式来安排自己的周围环境					
得分：					

　　请同学们按各项测试分数连线，看看自己哪方面具有优势，哪方面需要加强？

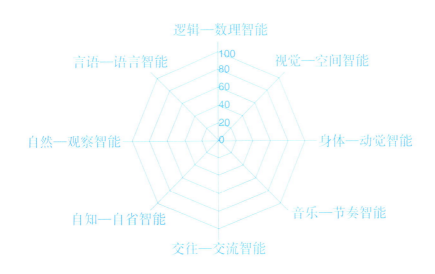

第五课　树立正确的职业理想

理想是未来的目标，职业理想就是个人的职业奋斗目标。在纷繁复杂的社会职业中，不同的职业理想将引导人们选择不同的职业，每个人都应该有自己的职业理想。职业理想也是个人进行科学合理的职业生涯设计的动力因素，有了职业理想，才会有明确的人生奋斗目标。只有明确了职业理想，才会为职业目标的实现制订出科学合理的发展规划，并付诸实施。

因此，一个合理而恰如其分的职业理想能以巨大的感召力指引人们进行正确的职业选择，唤起人们从业的热情和勇气，在成就事业的征途上奋力拼搏。一个人一旦在心中确立了自己的职业理想，就会为具体的目标去积极准备、努力奋斗。

一、职业理想是引领我们前进的动力

（一）中学生要积极思考职业方向

一个人不能等到进入社会之后才开始思考自己的职业，确立自己的职业理想。应当从初中开始就要了解和熟悉社会职业，积极树立正确的职业理想。

每个人的职业理想不会一成不变，许多人都会在人生过程中改变自己的职业理想。如有人在孩提时代想当一名科学家，但长大后却成为一名教师。这就说明，职业理想的形成需要较长的过程，随着年龄的增长、社会阅历的增强、知识技能的熟练，职业理想也会不断地清晰。正确的职业理想不管能不能最终得以实现，都会成为推动我们努力奋斗的强大动力。

知识贴

职业理想，是指人们在职业上依据社会要求和个人条件，借想象而确立的奋斗目标，也是个人渴望达到的职业境界。

如果我们选择了最能为人类福利而劳动的职业，那么，重担就不能把我们压倒，因为这是为人类而献身。那时，我们所感到的就不是可怜的、有限的、自私的乐趣，我们的幸福将属于千百万人。我们的事业将默默地，但是永恒地存在下去发挥作用。面对我们的骨灰，高尚的人们将洒下热泪。

——马克思

（二）确立正确的职业理想

一个人职业理想的形成经历了由感性认识到理性认识、由抽象到具体、由不稳定到稳定的发展过程。初中生正处于职业理想发展的萌芽时期，随着自我意识的发展、科学文化知识的增长和社会经验的丰富，开始探索自己的职业前景，并对职业进行价值评价，建立自己的职业理想。

只有把人生理想融入国家和民族的事业中，才能最终成就一番事业。

有信念、有梦想、有奋斗、有奉献的人生，才是有意义的人生。

——习近平

成功的职业需要正确规划，一个人今天站在哪里并不重要，但是下一步迈向哪里却很重要。职业理想就像人生的灯塔，它召唤着人们、引

导着人们向它靠拢，有了它，人们才知道自己将走向何方。正如西方谚语所说："如果你不知道你要到哪儿去，那通常你哪儿也去不了。"职业理想能让人们少走弯路，避免无谓的牺牲，在最短的时间内胜利到达终点。

 思考与探究

小马说："无论干什么工作赚钱就行，没有必要再谈职业理想了。"

小陈说："在实际生活中，很多人不能按照自己的理想标准选到合适的职业，我只好坐等理想职业出现。"

小何说："将来随便谋个有收入的职业混日子，理想的事情很难说。"

小孙对与自己的职业理想不相符的工作怨天尤人，无所作为。

你觉得这些关于职业理想的看法和做法正确吗？

李开复：职业理想不等于高薪，真正的快乐来自于工作过程

很多求职者被问到"职业理想"的时候，经常给出的答案是：月薪过万，或者进入全球500强企业。

我们常认为，理想就是实现某些物质利益，比如钱、名誉或者地位。而这又基于一种心理定式，那就是人必须有钱才能快乐。而实际上真正的快乐来自于工作的过程，而不是由它获得的报酬。

所以，在确立职业理想时要考虑到这个前提——高薪并不等于职业理想。我们生命的价值不在于拥有多少钱，而在于做了多少有意义的工作。还有一些研究告诉我们,那些追求理想的人,在多年以后比那些只追求金钱的人会赚到更多钱。

我希望所有的求职者都记住一句话——事业比金钱重要,机会比安稳重要,未来比今天重要。

职业理想与现实发生冲突是非常正常的现象,我们应当不断地学会确立正确的职业理想的方法。恰当合理的职业理想建立在对自己的职业兴趣、职业能力、职业价值观等各方面的明确认识的基础之上。此外,应该根据社会发展和现实情况调整自己的职业理想,积极寻找机会,从而为自己的长期发展奠定基础。

职业理想因人而异,没有绝对的标准。职业理想不等于理想职业。一般认为,当个人的能力、职业理想与职业岗位最佳结合时,这个职业才是你的理想职业。因此,只要职业理想符合社会需要,而个体又确实具备从事这种职业所需要的素质,并且愿意不断地付出努力,一般都会实现自己的职业理想。

(三)职业理想会成为激励奋进的动力

目标引领未来,理想激发潜力。职业理想为人们勾勒出一幅职业发展的蓝图,使人清楚自己要成为一个"怎样"的人,清楚"要怎样做"才能实现自己所确定的目标。职业理想引领人们在人生各个关键点上,都能以自己的职业目标为方向做出正确的选择。

目标对人生具有重要影响

哈佛大学曾经做过一项非常著名的关于目标对人生影响的跟踪研究,该研究选择了一些智力、学历、所处环境都差不多的年轻人进行调查。调查表明,27%的人对于未来没有目标,60%的人目标模糊,10%的人有清晰的短期目标,3%的人

> 则有着很清晰的长远目标。25 年后，那些有清晰的长远目标的人，几乎都成了为社会做出重要贡献的成功人士。那些有清晰的短期目标的人，多数成为各行各业中不可或缺的专业人士。那些有较模糊目标的人，几乎都没有什么特别的成绩。那些完全无目标的人，他们的生活都过得很不如意。

职业理想应当切合实际而富有挑战性。所谓切合实际，就是说目标一方面要符合个人的能力、兴趣和价值观，另一方面，应当是有益于社会，为社会所需要。所谓富有挑战性，就是说目标的实现不应当是轻而易举的，而应当是要经过一番艰苦努力才能达到的。只有这样，才能达到激励人生、挖掘潜力的作用。

没有职业理想的人往往在职业生涯中，都是在外界压力的驱使下，本能地随着潮流向前走。缺失职业理想的人生，就像是缺舵的航船，很容易随波逐流。因此，同学们在中学、大学不断思考和确立合适的职业理想，为未来从事某种职业持续积蓄力量，才更容易在职业生涯发展中取得成功。

二、努力学习是实现职业理想的必由之路

每个人实现职业理想的必由之路就是努力学习，通过积累系统的、丰富的知识，掌握良好的技能，为自己实现职业理想奠定坚实的基础。

现代社会，学校学习与未来职业之间有密切的关系。经过在学校接受系统的教育和刻苦努力的学习，同学们不仅能够取得学历和文凭，更重要的是不断成长成熟，为走入社会进入自己喜欢并且适合的工作岗位做好准备。在这个过程中，每个人最大限度展现出自己在学习方面的能力，也表现出自身的职业潜能和发展方向。

知识贴

加强学习规划有助于实现职业理想

　　为实现职业理想而进行的学习规划是指在学习阶段，学生对与其职业理想相关的学业所进行的筹划和安排。具体来讲，是指通过对自己个性特点和社会未来需要的深入分析和正确认识，确定自己的职业理想，进而确定学业路线，然后结合自己的实际情况制定学业发展计划的过程。也就是从自己成长的角度，解决好学什么、怎么学、什么时候学等问题，以确保自身顺利完成学业，成功实现未来的职业理想。

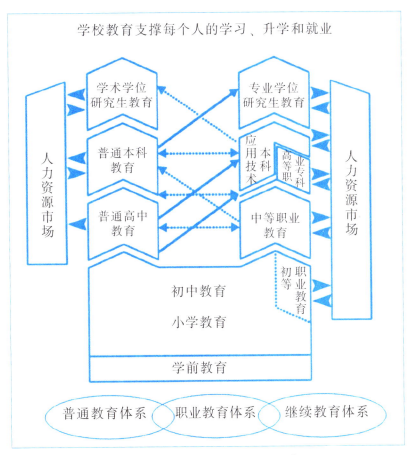

我国正在加快建设的现代教育系统图

社会职业

通过上面我国正在加快建设的现代教育系统图可以发现，每个人应该在学校教育系统接受良好的教育，学其所爱、学其所长、学以致用，为顺利地进入人生的职业发展道路打好基础。如果同学们能够尽早思考自己的兴趣爱好和将来从事的职业，明确大致的职业方向，提前了解相关职业需要的知识、技能和综合素质，然后根据自己的职业目标制订相应的学习和社会实践计划，实现有目标的学习，这对于自身的发展来说更为有利。

学校教育为未来职业奠定基础

学校教育为每个人从事未来的职业至少提供了五个方面必要的准备，它们分别是应用于个人职业活动实践的道德认知、知识基础、动作技能、语言能力、解决问题的智慧和策略。

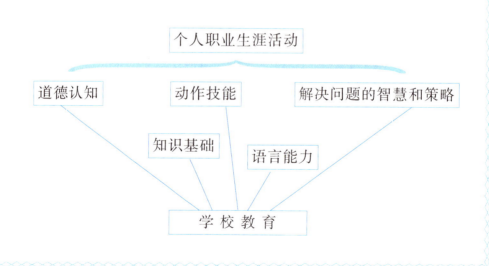

思考与探究

1. 任何一种职业都要具备专门的知识、技能、能力和态度。你喜欢的职业是什么？它需要的专门知识、技能和态度是什么？

2. 为实现自己的职业理想，你采取了哪些措施？如何把未来的职业理想和今天的学习、生活结合起来？

第六课　懂得并进行职业生涯规划

　　我们都希望有一个美好的人生，美好的人生离不开合理的规划。几乎每个人都要通过职业获得发展，而成功的职业生涯发展离不开合理的规划及在正确规划指导下的持续奋斗。人生如大海航行，职业生涯发展规划就是人生的基本航线，有了航线，我们就不会偏离目标，更不会迷失方向，才能更加顺利和快速地驶向成功的彼岸。

一、职业生涯规划与同学们息息相关

　　职业生涯规划就是对职业生涯乃至人生进行持续系统的规划过程。通过有意识的规划，每个人找到自己的职业方向、设计自己的职业路径。

知识贴

　　中学生职业生涯规划的任务就是让中学生尽早地认识自我、发现自己的长处和兴趣点，认识职业的内容和基本特点、认识目前的学业与未来的职业之间的关系。从而使学生在初中阶段就有意识地根据自己感兴趣的职业目标，从知识、技能等方面培养自己的综合素质，发掘自身的潜能，提高职业竞争力。

人生职业生涯发展的主要阶段

　　美国职业生涯理论专家萨帕将人生职业生涯发展划分为成长、探索、建立、维持和衰退五个阶段：

1. 成长阶段（0～14岁）

属于认知阶段。在这个阶段，孩童开始发展自我概念，学会以各种不同的方式来表达自己的需要，且经过对现实世界不断地尝试，修饰他自己的角色。这个阶段发展的任务是：发展自我形象，发展对工作世界的正确态度，并了解工作的意义。

2. 探索阶段（14～25岁）

属于学习和尝试阶段。这个阶段发展的任务是：产生职业偏好，并逐渐具体化和特定化。通过不断地学习、探索，进入就业市场或接受专业训练，最终确定自己的职业偏好。

3. 建立阶段（25～44岁）

属于选择和安置阶段。这个阶段发展的任务是：统整、稳固并追求上进。此时期，个体持续寻求职业上的安定，也可能因种种原因会在生活或工作上有若干变动；经过变动之后，个体不断致力于工作上的稳固，大部分人处于最具职业创意的时期。

4. 维持阶段（44～65岁）

属于升迁和专精阶段。个体仍希望继续维持属于他的工作职位，同时会面对新的挑战。这个阶段发展的任务是：维持既有成就与地位，并不断有所创新发展。

5. 衰退阶段（65岁以上）

属于退休阶段。由于生理及心理机能日渐衰退，个体不得不面对从积极参与到隐退的现实。

在现实中，那些对自己的生存状态感到非常满意的人们都常说：自己最终从事的职业正是自己在中学时期就想要干的工作或者是儿时的梦想。

中学时代是每个人确立人生奋斗目标的重要阶段

中学时代的马克思，为自己确立了一个崇高的理想：为人类谋幸福。他在1835年8月写的《青年在选择职业时的考虑》这篇中学毕业作文中，明确地提出了自己的这个理想。当时他的同学中，有的想当牧师，有的想当军官，有的想当官吏，而马克思与众不同。他不考虑个人的名誉地位和荣华富贵，提出要"选择最能为人类福利而劳动的职业"。他说："在选择职业时，我们应该遵循的主要指针是人类的幸福和我们自身的完美……"他还认为："如果一个人只为自己劳动，他也许能够成为著名的学者、伟大的哲人、卓越的诗人，然而，他永远不能成为完美无疵的伟大人物。"他还满怀激情地说明了自己对幸福的看法："如果我们选择了最能为人类福利而劳动的职业，那么，重担就不能把我们压倒，因为这是为大家而献身；那时我们所感到的就不是可怜的、有限的、自私的乐趣，我们的幸福将属于千百万人……"

这些人有一个共同的特征，即为了掌握一门技能或学问，从中学时期就开始按照这一专业领域的要求一点一滴地积累，工作以后更是坚定不移地在这个方向的道路上纵横驰骋，最终获得职业成功。

因此，从现在开始认真地思考"我们应该为未来的职业发展做什么样的准备，以及做怎样的准备"是非常有意义的一件事情。如果同学们能在中学期间就对自己的兴趣、爱好、个性、能力有所了解，明确自己以后想要从事的职业的轮廓或方向，并对这一职业涉及的专业知识、理论基础、操作技能进行逐步的积累和积极的探索，就可以保证我们在高中或职业学校、大学阶段以及进入工作岗位后，不盲目地随波逐流，而是选择在适合自己的专业领域中不断积累，避免在职业生涯发展道路上走不必要的弯路。

二、学会进行适当的职业生涯规划

职业生涯规划就是要让每个人提前规划好自己的发展方向，避免随遇而安、方向不定。

职业生涯规划的重要意义

大多数的人就像是落叶一样，在空中随风飘游、翻飞、荡漾，最后落到地上。一小部分人像是天上的星星，永远走在一条固定的途径上，地上的风吹不倒他们，在他们内心中有自己的引导者和方向。

——赫曼·赫塞

尊重并发挥自己的优势

有一天，一群动物聚在一起，彼此美慕对方的优点，抱怨自己的缺点，于是决定成立一所学校，希望通过训练，使自己成为一个通才。它们设计了一套课程，包括奔跑、游泳、飞翔和攀登。所有动物都报了名，选修了所有的科目。最后的结果是：小白兔在奔跑方面，名列前茅，但是一到游泳课的时候，就浑身发抖；小鸭子在游泳方面，成绩优异，但是奔跑与攀登的成绩却糟糕透顶；小麻雀在飞翔方面，轻松愉快，但就是不能正经地奔跑，尤其碰到水就几乎精神崩溃；至于小松鼠，固然爬树的本领高人一等，奔跑的成绩还不错，却在飞翔课中，学会了溜课。

　　大家越学越迷惑，越学越痛苦，终于决定：停止盲目学习别人，好好发挥自己的长处。它们不再抱怨自己、羡慕别人，因此又恢复了往日的活泼和快乐。

　　这则寓言至少告诉我们两点：第一，天生万物，各有所长，不能强求；第二，人的价值，在于回归自我，也就是把自己的优点和特点充分发挥出来。

　　因此，同学们在进行职业生涯规划时必须要注意，如果不了解自己的优点与缺点，就可能会确定不切实际的发展目标；如果刻意掩饰自己的缺点，盲目夸大自己的优点，就可能确定一个无法实现的目标；如果仅看到自己的缺点，看不到自己的优点，则会自信心不足，甚至会止步不前。

　　尽管现在同学们还处于求学阶段，但是通过更好地了解自我，让自己有一个更加明确的奋斗目标和努力方向，是所有想挑战未来的莘莘学子必须要认真思考的问题。通过在校期间初步的职业生涯规划，不断认识自己和规划自己，明确发展目标和职业预期这是对自己的人生负责任的良好表现。

（一）不断认识自我

　　在日常的学习和生活中，同学们要有意识地反思和认识自己的身心特点，包括兴趣爱好、能力特长、个性特质、价值观念等。

　　了解自己的职业兴趣。美国著名职业心理学家霍兰德认为人的人格类型、兴趣与职业密切相关，兴趣是人们活动的巨大动力，凡是引起人巨大兴趣的职业，都可以提高人们的积极性，促使人们积极地、愉快地从事该职业。职业兴趣与人格之间存在很高的相关性，霍兰德认为人格可分为实用型、研究型、艺术型、社会型、企业型和事务型六种类型。不同的人格类型喜欢的活动、偏重的事物、对职业环境的要求和适合的职业都有所不同。如下表所列：

类型	喜欢的活动	价值观	职业环境要求	适合的职业
实用型	用手、工具、机器制造或修理东西，愿意从事户外、体力劳动，不喜欢坐办公室	热爱具体实际的事物，关注常识	与事物打交道的能力强，使用手工或机械对事物进行操作	程序员、工程师、救生员、运动员、机械制图员、机械工、医疗技师等
研究型	喜欢独立工作，对未知问题充满兴趣，喜欢探究、阅读、思考学习、讨论科学问题	学习，知识，独立	心思缜密，有独立分析问题、创造性解决问题的能力，有写作能力	科研人员、数学家、心理学家、生物学家、药剂师、天文学家、动物学家等
艺术型	喜欢表达、文学、音乐、艺术和表演等有创造性工作，重视原创	创意，美，自由，表达	自由，开放，创造力，情感表现力	摄影师、画家、作曲家、编剧、演员、作家等
社会型	喜欢合作，关心他人幸福，为他人提供帮助	服务社会，公正，平等	有人际交往能力，愿意承担社会责任，教导、医治、帮助他人	社会工作者、教师、导游、护士、心理咨询师等
企业型	喜欢领导和支配别人，希望成就一番事业	成功，冒险，责任	说服他人或支配他人的能力，敢于承担风险	政治家、企业家、经理、销售人员、人力资源管理者等
事务型	喜欢固定的、有秩序的工作，希望确切知道工作的要求和标准	准确，有条理，节俭	能按时完成工作，并达到标准，有计划性	会计、出纳、统计人员、秘书等

同学们在日常学习和生活中，也可以借鉴霍兰德的理论模型自己进行反思与分析，看看自己倾向于哪种类型，自己喜欢什么样的职业？

（二）描绘职业蓝图

每个人在幼年时代就对未来怀抱着梦想与希冀，但是，当被问及"你将来希望选择一条怎样的发展道路"之时，同学们很可能不知从哪儿说起。这是因为尽管大家拥有梦想，但它还只是一个工程蓝图，还需要大家运用各种科学有效的方法将这份蓝图中的大目标、大方向，分解成为人生不同发展阶段中的阶段目标并辅之具体可行的措施。

同学们大部分时间是在学校度过的，对社会职业了解不多，所以在头脑中还无法形成一张令自己满意的职业蓝图，这时候，关键的做法就是要主动地观察、调查自己周围都有哪些职业或生活状态。

现在以我们每天都吃的大米为例，一同思考和了解一下围绕"大米"的一系列职业，如：是什么人将它生产出来的？栽培它需要什么样的工具？为了栽培出又香甜又有营养的大米，需要什么样的信息和技术？对大米可以进行怎样的加工？……这样一步步地思考下去，就会发现农业、工业、气象学、生物工程学、经营学甚至是考古学等与大米息息相关的职业领域。

想一想在这样一个大的链条中，你更喜欢处于怎样的一个位置，为什么？

上文中所有这些思考正是职业生涯规划的最初环节。总之，世间万物都不是独立存在的，社会职业也是这样，它们之间有着千丝万缕的联系，以它们之间的联系为纽带，详尽地了解社会职业，绝不是一件遥不可及的事情。

　　就拿同学们来说，不仅仅和家庭、学校有关系，而且还和许多社会部门、环境相联系。大家只要对这种联系进行一番思考，就一定能找到一个自己非常感兴趣的职业领域，然后围绕这个职业领域展开讨论，进行设计。

 知识贴

职业生涯规划的一般步骤和方法

　　1. 充分了解自我——职业生涯规划的基础

　　在选择升学、就业之前，不光只是问问自己"想做什么""想成为什么""别人对我的希望是什么"，更要以自己的兴趣、特别关注及特别适合的领域为基准进行综合考虑，具体地分析自己的喜好、专长。

　　2. 设定职业目标——职业生涯规划的风向标

　　在充分地了解自我的同时，还必须尽量详尽地了解社会上有什么样的职业，认真地思考进入社会后，在何种职业领域中工作能够使自己的个性得到充分的施展，且很好地发挥自己的能力。必要的情况下，要向家长、老师、朋友及职业指导人员咨询，充分考虑之后，将这一职业领域设定为自己的职业目标。

　　3. 整合职业能力——职业生涯规划的实施

　　当明确知道了最适合自己的职业领域之后，就要详尽了解从事该职业应该具备的职业资格，选择相应的教育与培训机构学习必要的职业知识与职业技能。并且，在学习的过程中，要自觉地、有意识地在职业指导专业人员的帮助下将自身拥有的一些特长与学到的职业知识、职业技能进行整合，打造自己的核心竞争力。

小明是一名中学生，在学习了以上的职业生涯规划方法之后，他是这样做的：

第一步：审视自我

首先将自己最喜欢且最得意的学习科目、工作或是技能等全部归类，认真地记录在一张大的白纸上，然后又把上中学时"做了而且已经完成"的、令他人很羡慕的事情认真地记录下来。他说通过这一总结、归类的过程，使他清楚地了解到自身拥有的特长和优势。

第二步：调查研究

利用各种机会和手段进行调查研究，寻找和职业有关的资料，用自己的视角审视周围人的生活和职业的状态，参加学校举办的各种宣讲会、发布会等，发现自己对某种职业不是很了解的时候，主动向包括家长、老师在内的人们请教，让他们为自己讲解该职业的特点和职业所需具备的资格等。

第三步：积极参加实践活动

尽可能地参加学校组织的企业参观学习、生涯体验活动，这些活动不仅能帮助见证自己的优势潜能，而且也升华了自己对各种职业的理解。没有参加这些活动之前，只是从别人的述说中了解职业，参加这些活动以后，就有机会亲身体验各种职业的内涵，认真思考自己是否真的拥有从事某种职业的潜能以及自己是否具有发自内心的、想从事该职业的动机。

第四步：进行评估，获取反馈

在高科技信息时代，变化是永恒的主题，会有很多来自于自身的，或来自于外部的因素影响到职业生涯规划，因此，在上述的几个步骤中，要不断地进行评估、总结。如果有机会还应该从有经验的专业指导人士那里获取反馈信息，以便随时根据自身条件和社会环境的变化，对原定的职业生涯规划进行一些必要的调整。

最后，还要特别强调，当同学们有了明确的职业理想和规划之后，必须要树立为实现理想进行持续努力的信念。如果缺少了持之以恒地实施职业生涯规划的主动积极的信念和行为，就不可能真正创造出如我们所愿的美好人生。

 体验和活动

小小辩论会

有的同学认为生涯规划只属于那些成功人士，自己只想做一个平凡的人，所以不需要进行生涯规划；有的同学认为自己现在还小，做生涯规划还太早；有的同学认为社会变化这么快，做了生涯规划也没用……对此，你持什么观点呢？

请以"我们是否需要生涯规划"为题开展一次小小辩论会。

参考流程：

● 根据自己的观点选择加入正方或反方，形成对抗组；

● 每个同学都把自己的观点、至少一条论据写在一张小纸条上，交给自己的小组集中起来；

● 小组成员在组中将观点和论据进行交流、分类整理；

● 每个小组推荐 4 名代表作为辩手，进行自由辩论；

● 其他同学作为两个不同阵营的群众分列选手身后，可自由提问对方辩手 1~2 个问题；

● 双方辩手进行总结陈词。

第七课　教育赋予每个人职业能力

职业离我们并不遥远，每个人长大以后都要从事某种职业，有的人甚至一生可能会从事多种职业。职业既是我们未来生活的一部分，也是我们努力的目标。职业没有贵贱之分，但是，职业却有不同的类型。不同类型的职业在声望、地位和收入等方面存在一定的差异。今天的教育和学习，可以给每个人赋予职业能力，为明天的职业竞争奠定基础。

西奥多·舒尔茨（1902—1998），美国芝加哥大学教授，于1960年提出了"人力资本"概念，并因此获得1979年诺贝尔经济学奖。他认为，人力资本是经济增长的源泉，人力资本的提高比物质资本的提高对经济发展更有意义。

一、"人力资本"决定每个人的职业发展成就

"人力资本"与"物质资本"相对，是体现在劳动者身上的资本，如劳动者的知识技能、文化技术水平与健康状况等。对人力进行投资可以提升人力资本。人力资本最重要的投资方式就是教育支出，教育支出形成教育资本。因此，通过教育可以提高劳动力的质量、劳动者的工作能力和技术水平，从而提高劳动生产率。人力资本的增长是经济增长的重要源泉。

知识贴

　　人力资本概念的主要观点是：第一，人力资本是一切资本中最主要的资本；第二，从长远来看，人力资本对经济的贡献比物质资本的贡献更大；第三，教育投资是人力资本投资的主要部分，通过教育才能增加人们的知识和技能，从而提高人力资本的价值；第四，教育投资应以市场需求为依据，根据社会需要和个人的实际情况选择适当的教育类型。

　　从个体角度定义，人力资本是指存在于个体身上的后天获得的具有经济价值的知识、技术、能力和健康等各因素之和。每个人身上具备的不同的人力资本决定了人们从事不同的职业。

受教育水平影响人力资本

　　2019世界计量经济学会中国年会在广州举行。世界计量经济学会每五年举办一次世界经济学大会，在世界范围影响深远。会议邀请了2000年诺贝尔经济学奖得主詹姆斯·赫克曼作主题演讲。他通过研究发现，更高的教育水平和更好的健康习惯是人力资本的重要形式，能够增加人们的收入，改善健康状况，增加终身福祉。受过更多教育的人往往具有更长远的打算，因而有更大的动力投资健康，减少不良习惯，积累更多的健康财富。同时，改善人口健康状况也有利于提升教育回报率。

　　每个人自身具备的人力资本水平，对于这个人能不能通过个人努力取得职业发展具有重要的决定作用。在这个过程中，不断地学习和接受教育是每个人增加自身人力资本的核心途径，因此，当代社会提倡和推

动终身学习，各国都在积极构建学习型社会。

人才决定未来,教育成就梦想:构建学习型社会成为国际发展趋势

学习型社会是对现代社会发展特征的一种理论描述，是指在信息社会中，随着科学技术的迅速发展，信息与知识的急剧增长，知识更新的周期缩短，创新的频率加快，对人的素质的要求提高，人力资源的重要性增加，学习就成为个人、组织，以及社会的迫切需要。

二、社会职业呼唤高素质劳动者

当今世界，科技进步日新月异，互联网、云计算、大数据等现代信息技术深刻改变着人类的思维、生产、生活、学习方式，深刻展示了世界发展的前景。这些变化使世界各国都在积极培养高素质劳动者。

未来就业的挑战——人工智能

人工智能，英文名为 Artificial Intelligence，也就是我们常说的 AI。虽然人工智能本质上还是机器，但是却突破了传统机器的限制，它拥有和人类相似的思维方式，是一种智能机器。在未来我们的许多工作可能会被人工智能替代，毕竟，人工智能不用休息，也没有情感，在工作方面比人类更加专注、更加高效。

AI 技术会为世界带来大量的机遇和财富，同时也会带来很多挑战。最直接的挑战就是 AI 代替人类工作将引发大规模的失业潮。在未来的 15 年之内有一部分人类的工作将会被 AI 部分或者全部取代，如服务员、司机、快递员、销售人员、

会计等。

而创意性工作、复杂性及战略性工作、灵敏性工作、需要适应全新或者未知环境的工作及人性化工作等工作类型则不容易被 AI 取代，如行政或企业管理人员、企业家、教师、建筑师、牙医、心理医生等工作则不太容易被 AI 替代。

现代社会，科学技术日新月异，新的生产工艺和劳动技术不断出现。社会的发展需要我们具备更高的素质和技能。高素质的劳动者更容易就业，也更容易取得职业成功。并且，他们的大部分素质和技能是通过后天的学习和培训获得的。

每个人都不能选择自己的出身背景、家庭条件，但是，在学习面前，每个人都有选择的机会，未来掌握在自己手中，学习是同学们未来取得成功的保证。

华罗庚出生于江苏金坛一个贫穷的家庭，初中毕业以后，他曾经到上海中华职业学校读书，因拿不出学费而中途辍学，故一生只有初中学历。但是，他顽强学习，用五年时间自学完高中和大学低年级数学课程。20 岁时以一篇论文轰动数学界，后被特聘到清华大学任教，后来成为我国一代数学大师。

知识贴

自学也是一种素质，它是指一个人在脱离课堂、脱离特定的群体学习环境而独立开展的学习活动。自学需要坚忍的意志和持之以恒的精神。自学也是成才的道路之一。

职业要求是不断变化的。现代社会是以知识和科技为基础的社会，以农业生产和工业制造为主的职业不再适应现代社会的需要，需要不断

地更新其知识和技术；大量传统职业不断升级换代，过时的职业逐渐被淘汰，新职业不断出现。原来依靠体力劳动和初级技术工作的劳动者难以适应知识社会和信息社会的要求，新职业对劳动者的知识和技能都提出了更高要求。并且，就业方式也发生了很大变化，过去的"统一分配"已经被"自主择业"和"竞争上岗"代替，职业的流动性和竞争性加剧，个人的素质和才能越来越成为职业成功的关键。

我们从下图可以看出职业变化的几个主要方面：

职业的变化

- 传统职业不断升级换代，某些过时的职业逐渐被淘汰
- 职业对劳动者的素质要求提高，从依靠体力转向依靠知识和技能
- 就业方式由过去"统一分配"转向"自主择业"和"竞争上岗"
- 职业的流动性和竞争性加剧
- 职业类型多样，分工更细，新的职业不断出现

 思考与探究

从农业时代到信息时代，每一个时代的变化，都伴随着生产方式和生产工艺的变化，随之而来的是专业分工和职业类型的变化。每一个时代的人都面临新的问题和挑战，要求他们必须掌握自己所处时代的知识和技能，以便从事相应的职业。

那么，你能够适应时代的变化和职业的召唤吗？

职业的变化对劳动者提出了更高的要求，要求他们具有较高的素质和适应能力。这些素质和能力包括：宽厚的知识基础、良好的心理状态、敏锐

的眼光、多样化的职业技能、独立思考能力、善于沟通和合作等。这些素质和能力，大部分都与学习活动有关，大都是在后天的学习过程中形成和发展起来的。

从铁榔头到郎教头：在拼搏、学习和钻研中不断创造更大的辉煌

郎平是我国著名女子排球运动员和教练员，是塑造传承"女排精神"的优秀代表。作为 20 世纪 80 年代中国女排主力队员，她凭借强劲而精准的扣杀而赢得"铁榔头"绰号，塑造了顽强战斗、勇敢拼搏的"女排精神"，激励了各行各业的人为中华民族腾飞不懈奋斗。退役后的郎平，接受系统的专业教育，深入研究培养和指导顶尖排球竞技人才的规律。20 世纪 90 年代以后，她两次在中国女排最困难时期，主动担任主教练，传承"女排精神"，大胆改革创新，大刀阔斧起用新人，搭建复合型教练团队，把中国女排重新带上巅峰，获得了奥运会、世锦赛等多项世界大赛冠军。"女排精神"已成为中国体育的一面旗帜，振奋了民族精神，激励和影响着一代又一代人投身改革开放和中国特色社会主义伟大事业。郎平先后荣获"改革先锋""全国三八红旗手""北京市劳动模范"等诸多荣誉称号。

今天的学习，是为了适应明天的职业竞争和全球竞争。不管未来如何变化，也不管未来的职业会出现哪些新的要求，可以肯定的是，未来职业对人的素质和能力要求将会越来越高。学习不仅是同学们的内在需求，而且已经成为一种生存需要。现在已经进入一个学习型社会，学会学习、学会生存、学会做事和学会与人相处成为我们人生的"四大支柱"。

社会职业

三、受教育水平和类型与未来从事何种职业有密切关系

教育过程是一个循序渐进，由基础到专业的发展过程。教育水平提高，专业化程度也相应提高。职业教育和普通教育是两种不同的教育类型，具有同等重要地位。一般来说，接受不同层次和类型的教育，将来从事的职业会有很大不同，这说明受教育水平和类型与我们未来从事何种职业具有密切关系。

一般而言，一个人的受教育水平越高，所能从事的职业类型就越丰富，职业选择面也越宽。同时，教育具有流动性，人们可以通过接受更多的教育在不同的职业间流动。目前，我国构建起完备的终身教育体系，可以确保每个人都有接受教育的机会，使人人渴望成才、人人皆可成才、人人尽展其才越来越成为社会的常态。终身教育体系为每个个体在职业发展中取得成功起到良好的支撑作用。

不同的职业有不同的要求，每种职业所需要的知识和技能是不相同的。劳动密集型的职业，一般所需的知识和技能较少，而知识密集型职业所需的知识和技能水平较高。随着劳动密集型职业逐渐减少，越来越多的职业要求从业者接受更多的教育和培训。不同的人应根据自己的能力、条件、兴趣等选择自己将来打算从事的职业，并作出相应的职业规划和准备。

在学习中，学会选择对每一个人都有决定性的意义。它已经成为每个人应该具备的基本素质和技能。懂得坚持和懂得放弃同样重要。学会选择不仅考验我们的意志和眼光，而且考验着我们的自我认知水平和决策能力。选择不是盲目的、武断的，而是建立在仔细分析和谨慎决策的基础上。

坚持不懈是一种可贵的品质，适当放弃也属难能可贵，将教育与自己的真实需要和个性特点联系起来，才能取得最好的效果。适合个人特点的教育才是最好的。

选择适合自己的学习方向和领域

国际著名的数学大师陈省身当初进入南开大学学习的时候，首先面临的是选专业的问题。当时，陈省身面临着两个选择：化学专业或数学专业。结合自己在化学实验课上的体验和自己擅长数学的特点，陈省身认为，自己的动手能力和实验能力较差，不适合学化学，而数学则只需要一张纸、一支笔和一个安静的环境，很适合自己的兴趣爱好和性格特点，因此，陈省身最后选择了数学专业。后来回忆自己的这个选择的时候，陈省身强调"做事业首先要学会选择""选择有时几乎就能决定一个人整个的命运，当然，这种选择是指关键时刻的那几步"。大师的经验对你有什么启发呢？

选择普通教育还是职业教育

学习改变命运！其实，改变命运不仅要好好学习，还要选对专业。学历≠未来！

选择普通教育还是职业教育：要打破孰重孰轻的思维定式！

随着经济与社会的发展与变革，产业技术的持续革新，人们日益发现，认为接受普通教育才是改变生活和命运关键路径的想法，已经完全落伍了。让受教育者获得某种职业或生产劳动所需要的职业知识、技能和职业道德的职业教育，其优势愈发凸显出来。

随着就业市场竞争的加剧，职业教育培养的技术技能人才同样具有广阔的就业前景。特别需要指出的是，当前我国不断强调经济要靠实体经济作支撑，这就需要更多的专业技术人才，需要大批的良工良匠，学一门技术已经成为越来越

多人的选择方向。

国家不断地推进现代教育体系的改革，使普通教育与职业教育持续融合、沟通，不断形成升学和发展的立交桥，使进入职业教育体系的学生同样有机会升学，接受优质的学校教育，这已经成为我国当前教育改革的新常态。

因此，要抛弃既有的重普通教育、轻职业教育的心理，理性分析当前国家教育体系改革的趋势，认清普通教育与职业教育同等重要，只不过是不同的教育类型。

选择什么教育类型，关键是要看自己适合于哪种教育，适合于什么职业。

 思考与探究

小明从小就对计算机感兴趣，在中学读书时，他就阅读了许多计算机方面的书籍，并经常动手操作。升入大学以后，小明选择了计算机作为自己的专业。在大学四年时间里，小明系统学习了计算机专业的知识，熟练掌握了计算机编程和操作技术，具备了良好的计算机知识基础和素养。大学毕业后，小明顺利进入了一家软件公司工作，目前已经成为公司软件开发的骨干人才。

小明的例子说明了什么问题呢？结合小明的例子，请同学和家长一起思考：

我喜欢从事什么样的职业？

我现在的学习与我将来从事的职业有关系吗？

第八课　职业学校是培养技术技能人才的摇篮

人类进入近现代社会以来，职业教育受到各国政府的高度重视。职业教育与普通教育是两种不同的教育类型，具有同等重要地位，它为经济社会发展提供了有力的人才和智力支撑。当前，我国现代职业教育体系不断发展，服务经济社会发展能力和社会吸引力不断增强。随着我国进入新的发展阶段，产业升级和经济结构调整不断加快，各行各业对技术技能人才的需求越来越紧迫，职业教育的重要地位和作用越来越凸显。

我国职业学校的主体是中等职业学校和高等职业学校。其中，高等职业学校实施高等职业教育，属于高等教育的一类；中等职业学校实施中等职业教育，是在高中教育阶段进行的职业教育。

一、初中毕业生合理分流到高中和职业学校是学生成才的要求

九年级是初中阶段的最后一年，也是每位初中生人生道路上一个重要的转折点，通过中考，同学们实现一次学习上的选择。一部分同学进入普通高中，另一部分同学则进入中等职业学校。

我国每年约有一千五百万初中毕业生，进入普通高中和职业学校的比例大约是 1：1。同学们是进入高中学习还是进入职业学校学习？选择哪一类专业的职业学校更合适自己？需要同学们认真思考，正确对待。

为此，同学们必须对九年级学生面临的教育分流有正确的理解和认识！

知识贴

教育分流是指学校教育系统根据社会的需要与学生个人

社会职业

的意愿及现有条件，引导青少年学生有计划、分层次、按比例地分配到不同的渠道，让其分别接受不同类别、不同层次的教育，以培养社会发展所需要的各级各类人才的活动。

2019年由国务院颁布的《国家职业教育改革实施方案》明确指出，要以习近平新时代中国特色社会主义思想为指导，把职业教育摆在教育改革创新和经济社会发展中更加突出的位置。牢固树立新发展理念，服务建设现代化经济体系和实现更高质量更充分就业需要，对接科技发展趋势和市场需求，完善职业教育和培训体系，优化学校、专业布局，深化办学体制改革和育人机制改革，以促进就业和适应产业发展需求为导向，鼓励和支持社会各界特别是企业积极支持职业教育，着力培养高素质劳动者和技术技能人才。

为了解决技术技能人才的缺乏，我国全面推进职业教育现代化，大力发展中等职业教育，中等职业教育办学规模已占高中阶段半壁江山。中等职业学校招生人数基本上与普通高中招生人数持平。

2000-2019 年中等职业学校招生数(万人)
2000-2019 年中职招生占高中阶段招生总数的比例(%)

当前，我国将职业教育摆在了更加突出的重要位置，有力地加速了我国职业教育现代化进程。习近平总书记站在中华民族伟大复兴的历史和现实高度，多次就职业教育做出全面、系统的重要指示，就加快发展现代职业教育提出明确要求。

习近平就加快发展职业教育做出重要指示

职业教育是国民教育体系和人力资源开发的重要组成部分，是广大青年打开通往成功成才大门的重要途径，肩负着培养多样化人才、传承技术技能、促进就业创业的重要职责，必须高度重视、加快发展。

要树立正确人才观，培育和践行社会主义核心价值观，着力提高人才培养质量，**弘扬劳动光荣、技能宝贵、创造伟大**的时代风尚，营造人人皆可成才、人人尽展其才的良好环境，努力培养数以亿计的高素质劳动者和技术技能人才。要牢牢把握服务发展、促进就业的办学方向，深化体制机制改革，创新各层次各类型职业教育模式，坚持产教融合、校企合作，坚持工学结合、知行合一，引导社会各界特别是行业企业积极支持职业教育，努力建设中国特色职业教育体系。要加大对农村地区、民族地区、贫困地区职业教育支持力度，努力让每个人都有人生出彩的机会。

我们身心渐趋成熟，职业意识逐渐强烈，在选择自己未来的人生道路时，应当首先考虑自己的个性差异。中学生个体之间都存在较大差异，各有所长，发展的方向各不相同，是客观存在的事实。有的同学可以顺利上重点高中升重点大学。有的同学尽管升高中考大学存在困难，但他们普遍思维敏捷、兴趣广泛、心灵手巧、动手能力强，接受职业教育、学习技术会有很好的发展前途。

事实上，中等职业学校已经成为许多同学的成才之路。这些同学进入中等职业学校，在继续学习文化知识的同时，学习职业技能，通过学校和企业的实训基地的实践，成长为一名社会急需的高素质技术技能人才。

天津推动职业教育领先发展

2005 年，教育部与天津市人民政府共建全国首个"国家职业教育改革试验区"。

2010 年，教育部与天津市人民政府共建全国首个"国家职业教育改革创新示范区"。

2015 年，教育部和天津市人民政府共建全国唯一"国家现代职业教育改革创新示范区"。

2015 年，全国职业教育改革试验区（示范区）联盟在天津成立。

天津职业教育建成 8 个具有重要影响力的"国字号"

2008 年，天津作为全国职业院校技能大赛主赛区。

2015 年，全国职业院校技能大赛博物馆建成开放。

2016 年，职业院校参加世界技能大赛培训基地落户天津。

2016 年，国家中西部地区职业教育师资培训中心落户天津。

2017 年，国家职业教育教学资源开发与制作中心落户天津。

2017 年，全国职业院校技能大赛成果转化中心在天津成立。

2018 年，天津创建"鲁班工坊"研究与推广中心。

2018 年，国家职业教育质量发展研究中心落户天津。

技术技能人才的短缺成为影响经济发展的关键因素

从载人航天、蛟龙下海可以看到，我国顶尖技术技能人才的成就可与世界强国媲美，但手表、汽车、机床等量产产品在质量上却不能相提并论。其中一个重要原因，就是技术技能人才金字塔的塔基不稳：从原料生产到制作加工成形环环相扣，一个工序出问题就会满盘皆输。

"在工业领域，正常的人才结构是 1 个科学家、10 个工程师、100 个技术技能人才。"中国就业促进会副会长陈宇说，科学家和工程师可以引进，而各国都没有大规模引进技术技能人才的先例。

从市场供需来看，近年来，技术技能劳动者的求人倍率（岗位数与求职人数的比）一直在 1.5∶1 以上，高级技工的求人倍率甚至达到 2∶1 以上，供需矛盾十分突出。

当前，市场经济中的供求关系正在发挥作用。"我们学

校 99%的毕业生实现就业，就业一年内的毕业生月平均薪酬超过 4000 元，优秀毕业生及深圳紧缺专业毕业生薪酬可达 7000 元以上，高于一般本科毕业生的平均薪酬。"深圳第二高级技工学校校长王海龙说："在欧美和日、韩等发达国家和地区，中等收入人群的主体是技工，也就是'高级蓝领'。"

——新华网

二、现代化社会渴求技术技能人才

技术技能人才是国家的宝贵资源，是促进产业升级、推动高质量发展的重要支撑。德国长期实施国家紧缺型技术技能人才培养计划，培养大批专业技术技能人才，其"双元制"职业教育享誉全世界。美国、澳大利亚、日本等经济发达的国家都是通过培养大批优秀的技术技能人才奠定国家工业化、现代化的人才基础，也因此生产出世界尖端品质的产品。

目前我国高素质技术技能人才的缺口仍很大，许多在一线的劳动者的素质及技能还有待提高。据调查，我国技术技能人才缺口高达两千万。

 知识贴

高技能人才是指在生产、运输和服务等领域岗位一线，熟练掌握专门知识和技术，具备精湛的操作技能，并在工作实践中能够解决关键技术和工艺的操作性难题的人员。在大力倡导提升企业自主创新能力、建设创新型国家的时代背景之下，更多更快地培养培训高技能人才，被视为中国提升国家核心竞争力的战略举措。

2018 年 10 月，人力资源和社会保障部正式印发《技术技能人才队伍建设实施方案（2018—2020 年)》，明确技术技能人才队伍建设工作的重点举措：

> 加强技术技能人才激励保障；
>
> 大规模开展职业技能培训；
>
> 大力发展技工教育；
>
> 深化技术技能人才评价制度改革；
>
> 推动职业技能竞赛发展；
>
> 加大技能扶贫工作力度。

　　党的十九大报告提出，要促进我国产业迈向全球价值链中高端，培育若干世界级先进制造业集群。实现这一目标，必须坚定走人才强国之路，突出产业人才特别是高水平技术技能人才开发，进一步改善这类人才发展环境，大力加强对其的教育和职业培训，努力培养一支规模宏大、门类齐全、素质优良的高水平技术技能人才队伍。

　　天津"海河英才"行动计划，将天津人才引进划分为五大类：学历型人才引进、技术技能人才引进、资格型人才引进、创业型人才引进和急需型人才引进。其中落户方式最多的为技术技能型人才引进。可见，我市对技术技能人才的需求非常迫切。

　　2019年10月17日，国家统计局天津调查总队发布调查报告，显示我市技术技能人才培养取得了积极成效，有效保障了我市经济发展对中高端技术技能人才的需求，毕业生广泛受到企业欢迎。

三、社会对职业学校毕业生的需求分析

　　当前，我国中等职业学校专业分类共划分为18大类，涉及三大产业。第一产业主要涉及农林牧渔类，设专业32个；第二产业涉及资源环

境、能源与新能源、土木水利、加工制造、石油化工、轻纺食品等 6 个专业类，设专业 122 个；第三产业涉及交通运输、信息技术、医药卫生、休闲保健、财经商贸、旅游服务、文化艺术、体育与保健、教育、司法服务、公共管理与服务等 11 个专业类，设专业 167 个；分别占专业总数的 10%、38% 和 52%。

当前，我国社会经济的快速发展对技术技能人才的需求非常旺盛，中等职业学校的毕业生就业率保持较高的态势。

选择中职学校同样是成才之路

2018 年，全国中等职业学校毕业生整体就业情况继续向好，就业率达 96.30%，连续 10 年保持高就业率水平，就业质量稳步提升，就业起薪、就业稳定性、社会保障、劳动合同签订等总体良好，毕业生普遍受到用人单位和社会欢迎。

——《中等职业学校毕业生就业状况分析报告（2018 年）》

我国技能选手在世界技能大赛中获得佳绩

中共中央总书记、国家主席、中央军委主席习近平对我国技能选手在第 45 届世界技能大赛上取得佳绩做出重要指示，向我国参赛选手和从事技能人才培养工作的同志们致以热烈祝贺。

习近平强调，劳动者素质对一个国家、一个民族发展至关重要。技术工人队伍是支撑中国制造、中国创造的重要基础，对推动经济高质量发展具有重要作用。要健全技能人才培养、使用、评价、激励制度，大力发展技工教育，大规模开展职业技能培训，加快培养大批高素质劳动者和技术技能人才。要在全社会弘扬精益求精的工匠精神，激励广大青年走技能成才、技能报国之路。

天津中等职业学校培养了一大批"大国工匠"

1. 臧成阳，毕业于天津市机电工业学校。两届全国职业院校技能大赛一等奖选手。毕业后留校，任数控技术系教师，先后获得"天津市技术能手""天津市五一劳动奖章""全国技术能手"称号，2010 年和 2014 年获天津市数控技能大赛数控车工（教师组）第一名，2014 年获第六届全国数控大赛数控车（教师组）第二名。多次获得"全国优秀指导教师""天津市优秀指导教师"称号。先后担任国赛、市赛主教练，第 43、44 届世界技能大赛（中国技能大赛数控车赛项）裁判。2011 年和 2016 年，指导学生参加全国职业院校技能大赛现代制造技术数控车 / 加工中心组合赛项和数控车工赛项均获一等奖。

2. 武建，毕业于天津劳动保护学校。2011 年、2012 年两次获全国职业院校技能大赛数控机床装调与维修赛项一等奖。毕业后留校，任实习教师，专注学生培养，指导学生参加全国及天津市技能比赛共有 20 余人次获奖，其中，2014 年全国职业技能大赛数控机床装调与维修赛项获团体二等奖，2016 年全国"挑战杯——彩虹人生"创新创效创业大赛获一等奖。先后荣获"全国技术能手""天津市数控维修大师工作室技能大师"称号。

3. 刘晶，毕业于天津市机电工业学校。2011 年全国职业院校技能大赛中职组数控铣工赛项荣获一等奖，是历届大赛以来唯一一位获得数控技术赛项一等奖的女选手。现就职中国电子科技集团公司第十八研究所（简称十八所）。十八所是服务"神一"到"神七"七代飞船的研究机构。刘晶在十八所机加工车间负责数控编程工作，参加过多种高精密零件的加工和制作，并成功交付使用。2012 年获"大连机床杯"第五届天津市数控技能大赛暨全国数控大赛选拔赛数控铣职工组比赛第二名；2014 年被评为所内"岗位能手"；2015 年获天津市职工职业技能大赛第二名；2016 年被评为市国防工业工会"最美军工女将"。

4. 王海龙，毕业于天津市交通学校。2008 年获全国职业院校技能大赛汽车运用与维修赛项个人维修基本技能一等奖。毕业后，创办了自己的汽车维修店。经过 6 年打拼，维修店已从 100 平方米、2 名员工的小店发展成为 500 平方米、30 名员工的二类标准化汽车修理厂，年收入 600 万～700 万元，为中职学校学生树立了创新创业的典范。他个人创业为社会带来 30 多个就业岗位，员工中有 23 人来自农村。其中，员工康瑞猛家在农村，工作 3 年来工资由每月 2000 多元涨到每月 8000 元，不仅解决了自己的就业和生活，还支持妹妹上了大学。另外，厂里员工中还有多名职业院校毕业生。

总体而言，当前我国技术技能型人才的社会需求缺口较大，通过进入职业学校学习，成为一种高素质的技术技能型人才，同样可以拥有美好的未来！

 思考与探究

　　当前，我国出现大学生就业难的现象，但同时，珠江三角洲、长江三角洲和环渤海地区三大沿海制造业基地普遍面临着严重的"技工荒"。而且，这种情况在我国大部分地区具有普遍性。这是否意味着职业教育就开始火爆起来了呢？情况恰恰相反，当前，招生仍是众多职业学校办学的一个难点。这就导致了一种反常现象：一方面职业技能人才严重缺乏，远远不能满足产业的需求；另一方面职业学校"招生冷"，鲜有人问津，境地异常尴尬。究竟是什么原因呢？